Frank Siegmund

Seriation und Korrespondenzanalyse

Frank Siegmund

Gewußt wie:
Praxisleitfaden Seriation und Korrespondenzanalyse
in der Archäologie

Bibliografische Information der Deutschen Nationalbibliothek:
Die Deutsche Nationalbibliothek verzeichnet diese Publikation
in der Deutschen Nationalbibliografie;
detaillierte bibliografische Daten sind im Internet über
http://dnb.d-nd.de/ abrufbar

**Gewußt wie: Praxisleitfaden
Seriation und Korrespondenzanalyse in der Archäologie**

© 2015 Frank Siegmund (Münster)

Umschlaggestaltung: Frank Siegmund
Abbildungen, Satz, Layout: Frank Siegmund.

Herstellung und Verlag:
BoD – Books on Demand, Norderstedt

ISBN: 978-3-7386-5408-0

Inhaltsverzeichnis

Verzeichnis der Abbildungen

Abb. 15. Veränderte Modelltabelle mit Gräbern und Typen, die stärker untereinander verknüpft sind, jedoch eine nur schwach verbundene Mittelzone aufweisen.

Abb. 16. Streuungsdiagramm von Achse 1 (waagerecht) gegen Achse 2 (senkrecht) nach der CA der Tabelle Abb. 15 mit einer schwach verbundenen Mittelzone.

Abb. 17. Einfache Tabelle mit den im Text genannten Informationen zu den Typen in zwei Gräbern.

Abb. 18. Gegenüber Abb. 17 veränderte Tabelle, die als Eingabe für eine CA geeignet ist.

Abb. 19. Die Daten aus der idealen Tabelle (Abb. 3), umgewandelt in eine "Burt-Tabelle", die nicht als Eingabe für eine CA geeignet ist.

1 Zielsetzung

Seriation und Korrespondenzanalyse (zu den Begriffen siehe Kap. 5) sind statistische Methoden, die oft auf archäologisches Material angewendet werden, vor allem bei einer chronologischen Fragestellung. Der Praxisleitfaden gibt Anfängern eine kurze Einführung in das Verfahren; dazu wird – soweit nötig – die statistische Theorie skizziert und vor allem eine praktische Einführung geboten. Für die hier vorgestellten Übungen und die eigene Praxis braucht es lediglich einen gewöhnlichen Computer, Zugang zum Internet, diesen Leitfaden und etwas Zeit und Energie, um den folgenden Text inklusive der praktischen Übungen gründlich durchzuarbeiten. Nach etwa acht Stunden konzentrierten Selbststudiums ist man kein Anfänger mehr, sondern in der Lage, die einschlägigen Publikationen besser zu verstehen und vor allem auch selbständig eigene Projekte mit "echten" Daten und Fragestellungen durchzuführen.

2 Einleitung

Korrespondenzanalyse – im Folgenden nach der englischen Bezeichnung *correspondence analysis* als CA abgekürzt – ist eine gut begründete multivariate Methode, mit der für die Zeilen und Spalten einer Tabelle eine optimale Reihenfolge gefunden werden kann, wenn die Daten dem unimodalen Modell folgen. Was bedeutet dieser Satz? Der Begriff "multivariat" meint statistische Verfahren, die viele Variablen gleichzeitig berücksichtigen – im Gegensatz zu Verfahren, die nur eine Variable untersuchen (univariat) oder den Zusammenhang zwischen zwei Variablen (bivariat), wie z. B. eine Korrelations- und Regressionsrechnung über den Zusammenhang zwischen Körperhöhe und -gewicht.

Der Begriff "unimodal" bezeichnet Phänomene, bei denen die Werte entlang einer Achse ein Maximum aufweisen und vorher ebenso wie nachher deutlich niedriger ausfallen oder Null betragen. Ein schönes Beispiel für eine unimodale Datenreihe ist die Glockenkurve (**Abb. 1**). Der Begriff unimodales Modell steht im Kontrast zu einem eher linearen Verhalten ("je mehr von A, desto mehr von B") von Phänomenen (**Abb. 2**). Um diesen wichtigen Gegensatz anschaulich zu erklären, wählen wir aus dem Alltag bekannte Beispiele: Die Beziehung zwischen Körperhöhe und Körpergewicht bei Menschen ist tendenziell linear, ebenso die zwischen dem Gewicht eines Autos und seiner Geschwindigkeit einerseits und seinem Benzinverbrauch andererseits. Generell sind größere Menschen auch schwerer, kleinere Menschen auch leichter. Je schwerer ein Fahrzeug ist und je schneller es fährt, desto mehr Benzin verbraucht es. Gewiss handelt es sich bei diesen Beispielen nicht um einfache 1:1 Beziehungen, aber für die nähere Untersuchung solcher Phänomene wählt man lineare Verfahren. Ein gutes Alltags-Beispiel für ein unimodales Phänomen ist die übliche Beziehung zwischen dem Körpergewicht von Menschen und ihrem Lebensalter: Neugeborene sind noch vergleichsweise leicht und werden mit zunehmendem Alter schwerer; viele Menschen weisen ein Gewichts-maximum irgendwann während ihres Erwachsenenlebens auf und sind im hohen Alter wieder etwas leichter.

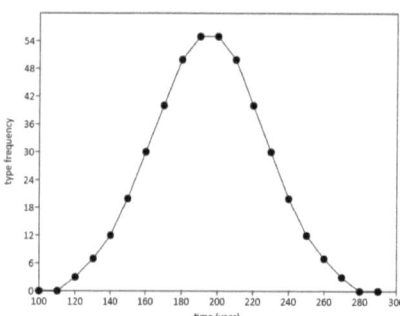

Abb. 1. Unimodales Modell. Eine glockenförmige Kurve als Ideal für die Häufigkeitsverteilung eines archäologischen Phänomens entlang der Zeitachse. Zu Beginn wird ein neuer Typ gerade erst eingeführt, seine Häufigkeit steigt von Null auf gering. Danach wird er häufiger, ist modern, nach einem Maximum lässt seine Beliebtheit wieder nach bis hin zum völligen Verschwinden.

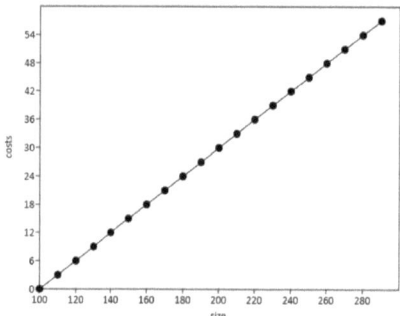

Abb. 2. Lineares Modell. Idealbild einer linearen Beziehung: Je mehr die eine Größe wächst, desto mehr wächst auch die andere Größe.

Die noch kurze Geschichte der Speichermedien für Computer ist ein anderes Beispiel für unimodale Modelle, und dieses Beispiel ist bereits sehr nah an den archäologischen Anwendungen der Korrespondenzanalyse. Mechanische Lösungen zur Informationsspeicherung wie etwa Lochstreifen und Lochkarten wurden in den 1960er Jahren allmählich durch die Speicherung auf großen rotierenden Magnetplatten abgelöst. Nach einigen Jahren der dominanten Verwendung von sog. Winchester-Laufwerken wurden diese in den 1980er Jahren sukzessive abgelöst durch 8-Zoll Floppy-Disks, dann 5¼-Zoll Floppy-Disks, dann 3½-Zoll Disketten und später durch wiederbeschreibbare CDs bis hin zu den aktuellen USB-Sticks (CHRISTENSEN 1997). Diese von vielen Zeitgenossen zumindest in Teilen erlebte Geschichte ähnelt den Vorstellungen in der Archäologie über Artefakte und Zeit: Ein spezieller Gegenstand – oft als "Typ" bezeichnet – ist noch nicht erfunden, seine Häufigkeit in der Welt beträgt Null. Nach seiner Erfindung und Einführung erscheint er zunächst in geringen Häufigkeiten in der Welt, sobald er sich durchgesetzt hat und "modern" wird, tritt er häufig auf. Später treten neue Objekte auf, die seine Stelle übernehmen und der von uns beobachtete Typ wird wieder seltener bis hin zu seinem völligen Verschwinden, d. h. seine Häufigkeit geht auf Null zurück (**Abb. 1**). Für die Analyse derartiger Phänomene ist die CA das Verfahren der Wahl. Dabei ist es nicht erforderlich, dass wie bei einer Glockenkurve – Statistiker sprechen hier häufig von einer "Normalverteilung" – eine exakte Symmetrie des Bildes gegeben ist. Der Begriff unimodal erwartet nur, dass es ein Maximum irgendwo innerhalb der untersuchten Reihe gibt, während an beiden Enden Minima beobachtet werden. Abweichungen vom Idealbild einer Glockenkurve sind erlaubt und beeinflussen das Ergebnis einer CA nicht schwerwiegend.

Erscheinungen, die dem unimodalen Modell folgen, sind weder exotisch noch auf die Archäologie oder das Phänomen Zeit beschränkt. Andere Beispiele für unimodale Modelle bieten z. B. Pflanzen und Tiere, die für ihr Leben bestimmte Umweltbedingungen bevorzugen, d. h. eine bestimmte Temperatur, Feuchtigkeit, Lichtexposition, Bodensäure etc.

Unter den für sie optimalen Bedingungen sind sie in der Natur häufig und werden seltener, wenn dieses Optimum verlassen wird, und zwar unabhängig davon, in welche Richtung vom Optimum abgewichen wird (z. B. sowohl deutlich kälter/nasser als auch deutlich wärmer/trockener). Entlang der Umweltbedingungen zeigt die Häufigkeit vieler Lebewesen ein unimodales Verhalten.

Eine andere willkommene Eigenschaft der CA ist ihre Robustheit. Sie ist voraussetzungsarm und kann auf viele Arten von Daten angewendet werden. Die CA kann mit Anwesenheits- und Abwesenheitsinformationen umgehen, Häufigkeiten (statistisch "Nominalskala") oder Ränge ("Rangskala") analysieren, aber auch auf Messwerte angewendet werden, während viele andere multivariate Verfahren Messwerte ("Intervallskala", "Verhältnisskala") erfordern. Dies ist ein weiterer Grund für die Beliebtheit der CA in der Archäologie, da hier oft Anwesenheits-/Abwesenheits-Beobachtungen oder Häufigkeiten vorliegen. Indes: die CA ist nicht auf die Archäologie begrenzt. Vielmehr ist sie auch in vielen anderen Wissenschaften eine beliebte statistische Methode, wie etwa in den Sozialwissenschaften, der Biologie oder Ökologie. Das bekannte Werk des französischen Soziologen Pierre Bourdieu "Die feinen Unterschiede. Kritik der gesellschaftlichen Urteilskraft" (1979, deutsch 1982) ist ein interessantes Beispiel für eine frühe Anwendung der CA in den Sozialwissenschaften.

Plant man die Anwendung multivariater Verfahren zur Analyse von Daten und ist unsicher, ob die Daten eher dem unimodalen Modell (**Abb. 1**) oder einem linearen Modell (**Abb. 2**) folgen, ist es nützlich, die methodischen Alternativen für lineare Modelle zu kennen. Angemessen und vergleichbar zur CA ist für lineare Daten die Hauptkomponentenanalyse (PCA) resp. Faktorenanalyse; sie ist – ähnlich der CA – ein ordnendes Verfahren, im Unterschied z. B. zu Clusteranalysen als gruppierende Verfahren. Die Anwendung einer Hauptkomponentenanalyse (PCA) auf unimodale Daten führt zu irrigen Ergebnissen, ebenso wie die Anwendung einer CA auf lineare Daten. In Kap. 12.5 werden wir uns dies an einem Beispiel anschauen. In der Praxis erweist sich die PCA als empfindlicher gegen leichte Verletzungen ihrer Anforderungen an die Daten, während die CA robuster gegenüber solchen Abweichungen vom idealen Modell ist.

	type-A	type-B	type-C	type-D	type-E	type-F	type-G	type-H	type-I	type-K	I
grave-1	• 2	1	0	0	0	0	0	0	0	0	
grave-2	• 1	2	1	0	0	0	0	0	0	0	
grave-3	• 0	1	2	1	0	0	0	0	0	0	
grave-4	• 0	0	1	2	1	0	0	0	0	0	
grave-5	• 0	0	0	1	2	1	0	0	0	0	
grave-6	• 0	0	0	0	1	2	1	0	0	0	
grave-7	• 0	0	0	0	0	1	2	1	0	0	
grave-8	• 0	0	0	0	0	0	1	2	1	0	
grave-9	• 0	0	0	0	0	0	0	1	2	1	
grave-10	• 0	0	0	0	0	0	0	0	1	2	

Abb. 3. Beispiel einer ideal diagonalisierten Tabelle (Matrix), in der die Zeilen und die Spalten dem unimodalen Modell folgen.

3 Theorie und Zielsetzung der Korrespondenzanalyse

Wirft man einen Blick auf den aktuellen (Sommer 2015) Artikel *correspondence analysis* in der englischsprachigen Wikipedia, erscheint die CA als etwas höchst Kompliziertes. Dieser Eindruck täuscht. Die CA ist einfach zu verstehen, zu rechnen und durchzuführen. Gleichwie, eine gründliche Einführung in die Theorie und die Berechnung ist hier nicht notwendig, denn es gibt gute weiterführende Bücher, die dies bereits leisten (Kap. 5). Das eigenhändige Rechnen oder Programmieren einer CA ist heutzutage ebensowenig nötig, weil es Computer und Software gibt, welche diese Aufgabe übernehmen (Kap. 4). Wir wollen uns daher zunächst darauf konzentrieren, die Zielsetzung der CA zu verstehen: Es geht darum, die Zeilen und Spalten einer gegebenen Tabelle so neu zu ordnen, dass die Zahlen in dieser Tabelle am Ende eine Diagonale bilden. Üblicherweise bestehen solche Tabellen (auch: Kontingenztafel, engl. *contin-*

gency table) aus einer Vielzahl von leeren Zellen oder Nullen und wenigen anderen Zellen mit Einsen oder Häufigkeiten. Nach der Neuordnung der Tabelle sollten all diese Einsen resp. Häufigkeiten sich entlang einer Diagonalen in der Mitte der Tabelle häufen (**Abb. 3**). Mit Erreichen dieser neuen Ordnung folgen die Werte in den Zellen – jeweils zeilen- oder spaltenweise gelesen – dem unimodalen Modell: Jede Zeile und jede Spalte zeigt zunächst Nullen resp. leere Zellen, dann diverse Einsen oder Häufigkeiten, und anschließend wieder Nullen oder leere Zellen. Eine CA beginnt also mit einer ungeordneten Tabelle und ihr Ergebnis ist eine nach dem unimodalen Modell optimal neu geordnete Tabelle.

Unmittelbar nach Erfindung des Verfahrens geschah dieses Sortieren tatsächlich durch ein sukzessives mechanisches Umordnen der Zeilen und Spalten einer Tabelle mit der Hand. Zunächst wird die Ordnung der Zeilen optimiert, dann die der Spalten, dann wiederum die der Zeilen usw., bis sich eine stabile Lösung mit einer guten Diagonalen ergibt und das wiederholte Umordnen abgebrochen werden kann. Weil dabei die Position der Spalten oder Zeilen jedesmal wieder neu gemittelt wird, spricht man auch vom *reciprocal averaging*. Die ganze Methode wurde oft als Seriation (engl. *seriation, ordination*) oder als *sequencing* resp. *sequence dating* bezeichnet. Fotos einer konsequent ausgearbeiteten mechanischen Lösung dieser Aufgabe finden sich bei Périn (1980, Abb. 23). Die erste computergestützte Lösung für eine CA war nur eine Automatisierung dieses mechanischen Prozesses, d. h. per Computer wurde nach einem sehr einfachen Rechenverfahren (IHM 1983) eine wiederholte Umsortierung aller Zeilen und Spalten einer Tabelle vorgenommen (GOLDMANN 1972). Heutzutage ist das Rechenverfahren besser ausgearbeitet, mathematisch feinsinniger und beruht allein auf Berechnungen, d. h. erst am Ende des Verfahrens wird die Tabelle aufgrund der Ergebnisse einmal neu geordnet.

4 Software zur Durchführung einer Korrespondenzanalyse

Bei vielen der heute für eine CA verwendeten Computer-Programme handelt es sich um freie oder sogar quell-offene Software (*Open Source*), sodass dem Anwender keine besonderen Kosten entstehen. Man muss also nur lernen, mit diesen Programmen umzugehen. Die nachfolgend vorgestellte Liste ist eine persönliche Auswahl des Autors, der selbst sehr gründliche und langjährige Erfahrungen mit WinBASP und PAST besitzt. Alle genannten Programme werden mit guten Anleitungen verteilt, anhand derer ihre Bedienung leicht erlernbar ist. Ich empfehle sehr, die jeweiligen Handbücher eingehend zu studieren. Dieser Praxisleitfaden verwendet PAST für die praktischen Übungen, es sei jedoch betont, dass andere Softwarelösungen ebenfalls gut sind und jeweils spezifische Vorzüge haben. Näheres zur Software-Auswahl bietet Kap. 6.

Caveat: Dieser Text wurde im Sommer 2015 verfasst. Alle hier erwähnte Software resp. die Links dorthin wurden zuletzt im September 2015 benutzt und überprüft. Sollten sich danach insbes. die Links geändert haben, müssten es die verwendeten Begriffe ermöglichen, das Gesuchte mit den einschlägigen Suchmaschinen selbst schnell zu finden.

PAST 3.0: PAleontological STatistics Version 3.x (von Øyvind Hammer).
    Quelle: http://folk.uio.no/ohammer/past/
PAST 3.x wird vor allem für Computer unter MS-Windows entwickelt, es gibt aber auch eine Version für Mac-Computer (OSX 10.8). Die aktuelle Version 3.0 ist nicht "fertig", sondern in schneller Entwicklung begriffen. Sollte man unerwartete technische Probleme mit dieser Version haben, kann man alternativ auf die ältere Version PAST 2.17 zurückgreifen. Die dort angebotene CA ist stabil und inhaltlich identisch mit jener in PAST 3.0. PAST wird zusammen mit einem kontinuierlich mit jeder neuen Version erweiterten Handbuch verteilt, das sich auf der Website von PAST findet. Um PAST wissenschaftlich zu zitieren, nenne man: HAMMER, HARPER & RYAN (2001).

WinBASP: The Bonn Archaeological Software Package, Version 5.43 (von Irwin Scollar u.a.).
    Quelle: http://www.uni-koeln.de/~al001/

Der Name WinBASP steht für ein seit 1973 entwickeltes und weit verbreitet benutztes Programmpaket, dessen weitere Entwicklung in etwa mit dem Aufkommen von Windows 7 eingestellt wurde. WinBASP läuft gut und stabil unter dem Betriebssystem MS-Windows XP, aber nicht mehr unter 64-Bit-Betriebssystemen wie MS-Windows 7 ff. Weiteres zu WinBASP in Kap. 6.

Hinweis: Auf der o.g. Website zu WinBASP findet sich ebenfalls ein Programm "BaspPast", das einen einfachen Datenaustausch zwischen WinBASP und PAST erlaubt – und damit auch zwischen WinBASP und anderen Tabellenkalkulationsprogrammen wie z. B. LibreOffice Calc oder MS-Excel. Indes: nach den Erfahrungen des Autors hat BaspPast einen kleinen Programmierfehler beim Datenexport von WinBASP nach PAST, denn der letzte Typ einer Liste verschwindet beim Export nach PAST. Kein Problem, wenn man diesen Fehler kennt, denn es gibt eine einfache Lösung: Vor dem Datenexport nach PAST wird in WinBASP noch ein letzter, neuer (fiktiver) Typ angelegt. Nach dem Export ist er verschwunden, aber alle anderen Daten sind so übertragen, wie es geplant war. ;-)

CAPCA 3.0 (von Torsten Madsen), eine Ergänzung (add-in) zu MS-Excel 2007 ff.

Quelle: http://archaeoinfo.dk/

Insbesondere viele skandinavische Archäologen arbeiten mit dieser bewährten Lösung, die als Add-in in das Programm MS-Excel eingebunden wird, d. h. ein installiertes MS-Office voraussetzt. Mit CAPCA können eine CA und eine PCA berechnet werden. Die aktuelle Version CAPCA 3.03 (Sommer 2015) arbeitet mit MS-Excel 2007 (ff.), eine ältere Version CAPCA 2.2 für MS-Excel 2003 ist weiterhin verfügbar. Ein zusammen mit CAPCA verbreitetes, ca. 30-seitiges englischsprachiges Handbuch führt in die Installation und Bedienung ein (vgl. auch MADSEN 2007).

Weitere Softwarelösungen sind:
- WinSERION 3.1 (von Peter Stadler).
  Quelle: http://www.winserion.org/

- In dem mächtigen und umfangreichen Open-Source-Statistikpaket "R" gibt es mehrere gute und stabile Pakete zur Durchführung einer CA , siehe: http://www.r-project.org/
Ein R-Skript zur Durchführung einer CA zusammen mit einer guten Einführung in englischer Sprache findet sich auch bei: http://cainarchaeology.weebly.com/ (ALBERTI 2013; 2015).

- CANOCO 5 (von Cajo ter Braak, Univ. Wageningen), ein spezielles Softwarepaket für CA inkl. vieler Varianten der CA, das aber bezahlt werden muss. Weitere Informationen unter:
http://www.wageningenur.nl/en/Expertise-Services/Research-Instit utes/plant-research-international/show/Canoco-for-visualization-of -multivariate-data.htm

Software für CA und Betriebssysteme

Dieser Praxisleitfaden fokussiert auf Computer unter MS-Windows. Einige der o. g. Programme wie z. B. WinBASP stehen nur für MS-Windows zur Verfügung. Das hier verwendete PAST ist jedoch auch auf MAC-Computern lauffähig, ebenso das mächtige Statistik-Werkzeug "R", das zudem auf Linux-Systemen arbeitet.

5 "Seriation" oder "Korrespondenzanalyse": Name der Methode und einführende Literatur

Die Methode der Seriation / Korrespondenzanalyse wurde zu unterschiedlichen Zeiten mehrfach erfunden und folglich auch unterschiedlich bezeichnet (dazu IHM 2005). In Deutschland beispielsweise wurde das Verfahren als Seriation bezeichnet, als es von Klaus Goldmann und Ernst Kammerer in die Archäologie eingeführt wurde (GOLDMANN 1972). Sie entlehnten den Begriff von Sir Flinders Petrie (1853-1942), der im späten 19. Jahrhundert ein ähnliches Vorgehen als *seriation* bezeichnet hatte (PETRIE 1899), wobei sein Vorgehen mehr intuitiv ohne Mathematik und strengen Algorithmus erfolgte. Heute benutzt die Fachwelt wie üblich jene Bezeichnung, die der Autor vorschlug, der als Erster grundlegend das moderne Verfahren entwickelte, nämlich der französische Statistiker Jean-Paul Benzécri (1976) – also Korrespondenzanalyse.

Die heute verfügbare Literatur zu diesem Verfahren ist in ihrer Fülle überwältigend. Will man zur Vertiefung dieses Leitfadens so wenig wie möglich und so viel wie nötig lesen, empfehle ich das Buch von Michael J. Greenacre (2007), das auch viele praktische Hinweise enthält, während Greenacre (1984) meist als das grundlegende Standardwerk zitiert wird, wenn es um eine theoretische Einführung in die CA geht.

6 Beginn des praktischen Teils: die Wahl der Software

Eine Korrespondenzanalyse durchführen heißt, mit Tabellen zu arbeiten, welche Gräber oder andere geschlossene Funde wie z. B. Siedlungsgruben darstellen, die Typen enthalten. Eine CA durchführen meint nicht: Die Daten in eine Tabelle eingeben, einmal rechnen, danach neu sortieren und fertig. Vielmehr bedeutet es, die resultierenden Tabellen immer wieder neu auch archäologisch zu analysieren, dabei nach Mängeln und Optimierungsmöglichkeiten zu fahnden, dann den Datenpool zu verändern, neu zu rechnen und zu schauen, ob und was sich gemessen an der Zielsetzung verbessert oder verschlechtert hat. Bei kleinen Tabellen, wie wir sie hier zum Üben benutzen, ist das kein Problem. Bei großen Tabellen, d. h. etwa ab 30 Spalten und 50 Zeilen, wird dies zunehmend mühsam und unübersichtlich, letztlich auch fehleranfällig. Daher mag ich das Programm WinBASP, auch wenn es aus heutiger Sicht altbacken ausschaut. Denn WinBASP umfasst mächtige Werkzeuge zur Dateneingabe und -verwaltung, die das Datenmanagement sehr erleichtern und fehlerarm werden lassen. Vor allem beruht die Eingabe der Informationen auf Listen anstelle von Tabellen, was der üblichen Organisation im Schrifttum oder bei der Primäranalyse von Material und dem Erarbeiten einer Typologie ähnelt (Typ xyz kommt vor in den Befunden a, b, c, …). Mit WinSERION habe ich persönlich keine praktischen Erfahrungen, aber sein Datenmanagement scheint einem ähnlichen Konzept zu folgen. Wer immer ein umfangreiches Projekt mit vielen Gräbern oder Befunden und Typen ins Auge fasst, sollte sich diese beiden Programme ernsthaft an-

schauen und ihren Einsatz erwägen. Auf WinBASP kommen wir noch einmal zurück.

Wenn nur eine kleine Tabelle zu analysieren ist, empfehle ich PAST.
Es ist modern, gut gemacht, kostenlos, und es bietet jenseits der CA auch
umfangreiche weitere statistische Prozeduren an. Man braucht lange, bis
man an die Grenzen von PAST stößt. Wer eines der gängigen Tabellenkalkulationsprogramme beherrscht wie z. B. LibreOffice Calc oder MS-Excel,
dort die bei PAST nur in engen Grenzen mögliche Datenverwaltung löst
und für die Statistik dann PAST benutzt, kann viele archäologische Probleme lösen, ohne zu komplexeren Werkzeugen greifen zu müssen. Nahe-
liegenderweise gründet diese Einführung daher auf PAST. Wer dem im
nächsten Kapitel beginnenden praktischen Teil folgen möchte, lade daher
PAST von der genannten Website herunter und installiere es auf seinem
Computer.

Seien Sie nicht verwirrt: PAST hat keine aufwändige Installations-
prozedur, so wie man es von vielen anderen Windows-Programmen
kennt, sondern PAST ist nach dem Entpacken einfach eine einzige fertige
*.exe-Datei; nach dem Klicken auf das Symbol startet PAST, das war's.
Kleiner Tipp: die Arbeit mit PAST wird unkomplizierter, wenn man das
Programm auf seinem Computer im gleichen Ordner ablegt, in dem man
auch die Daten hält, und ggf. auch einfach zwischen verschiedenen Ord-
nern mit unterschiedlichen Datensammlungen/Projekten hin- und her-
schiebt.

Der praktische Teil dieses Leitfadens beruht darüber hinaus auf ein
paar einfachen Übungsdaten. Man kann diese Daten aus den Abbildungen
dieser Broschüre direkt in PAST eintippen, man kann sie aber auch von
der Website des Autors herunterladen (http://www.frank-siegmund.de, >>
Veröffentlichungen, >> Open Data), oder von dessen Archiv bei Acade-
mia.edu.

Zwei im Folgenden nicht weiter verfolgte Software-Optionen sollen
zumindest nochmals erwähnt werden: "R" und WinBASP. "R" ist ein sehr

mächtiges, professionelles Statistikpaket, das kostenlos als Open Source-Software zur Verfügung steht. Es wird von vielen Wissenschaftlern benutzt, die intensiv und professionell mit Statistik arbeiten. Nach meinen persönlichen Erfahrungen im Unterricht für Anfänger erscheint ihnen "R" jedoch als ziemlich kompliziert. Ernsthaft Interessierten empfehle ich jedoch, sich über diese Einstiegshürde hinwegzubemühen.

Für das Arbeiten mit wirklich umfangreichen Datensätzen schätze ich WinBASP ungemein. Das Einüben in das Programm verläuft dank des mitgelieferten Handbuchs schnell, nach kurzem Üben kann man es routiniert bedienen. Müßte ich ein großes Seriations-Projekt starten und hätte ein Problem mit WinBASP wegen eines 64-Bit-Betriebssystems auf meinem normalen Arbeitsplatz-Computer, würde ich – nur für die CA – ernsthaft das Arbeiten mit einem alten Gebraucht-PC erwägen: Ihn dauerhaft vom Netz abhängen, ihn nach Möglichkeit mit dem Betriebssystem Windows XP Professional (SP 3) versehen, WinBASP aufspielen, und dort meine Seriationen und Korrespondenzanalysen rechnen. Den geringen Hardware-Kosten eines solchen Seriations-PCs steht ein großer Gewinn an Arbeits-Effizienz gegenüber.

7 Der Start mit PAST

Man starte PAST mit einem Doppelklick auf das Programmsymbol. Man gehe zu `File`, dann zu `Open`, und öffne den Datensatz `1a_ideal-matrix-unordered` (**Abb. 4**) – oder gebe die Daten entsprechend Abb. 4 direkt in die Tabelle von PAST ein. Sie sollten nun ein von Tabellenkalkulationsprogrammen wie LibreOffice Calc oder MS-Excel weitgehend vertrautes Bild sehen. Die Beispieltabelle enthält zehn Typen (type-A bis type-K) und zehn Gräber (grave-1 bis grave-10). Wie üblich (aber für eine CA nicht zwingend notwendig) sind hier die Befunde/Gräber als Zeilen angelegt und die Typen als Spalten. Im Prinzip enthält jedes Grab drei Typen, und jeder Typ ist in drei Gräbern vertreten. Dabei wird in unserem Beispiel mit Häufigkeiten gearbeitet; neben vielen Zellen mit einer Null signalisieren die Ziffern also, wie oft dieser Typ in dem jeweiligen Grab vorkommt.

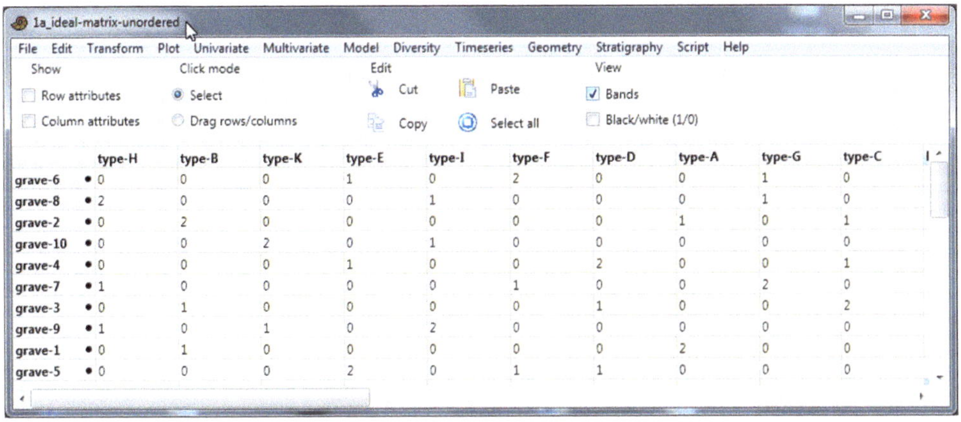

	type-H	type-B	type-K	type-E	type-I	type-F	type-D	type-A	type-G	type-C
grave-6	0	0	0	1	0	2	0	0	1	0
grave-8	2	0	0	0	1	0	0	0	1	0
grave-2	0	2	0	0	0	0	0	1	0	1
grave-10	0	0	2	0	1	0	0	0	0	0
grave-4	0	0	0	1	0	0	2	0	0	1
grave-7	1	0	0	0	0	1	0	0	2	0
grave-3	0	1	0	0	0	0	1	0	0	2
grave-9	1	0	1	0	2	0	0	0	0	0
grave-1	0	1	0	0	0	0	0	2	0	0
grave-5	0	0	0	2	0	1	1	0	0	0

Abb. 4. Bildschirmfoto unseres ersten praktischen Beispiels: die nach PAST eingelesene Eingabetabelle.

Die Tabelle ist vielleicht etwas leichter lesbar, wenn man bei PAST rechts oben unter `View` das Kästchen `Bands` anklickt: sie wird jetzt mit abwechselnd weißen und gelblichen Zeilen dargestellt. Diese Einstellung hat keinerlei inhaltlich-statistische Bedeutung, es geht allein um die Lesbarkeit.

Ein paar grundlegende Bedienungshinweise zu PAST

Wie schon erwähnt: zu PAST gibt es ein gutes und wirklich nützliches Handbuch. Aber damit wir uns hier auf die CA fokussieren können, schnell ein paar grundlegende Hinweise zu seiner Bedienung. Für die Bedienung wichtig ist die oberste Zeile mit `File`, `Edit` usw., hinter denen sich jeweils nach dem Draufklicken ein aufklappendes und weitgehend selbsterklärendes Menü verbirgt. Der zweizeilige Block darunter zeigt die Bereiche `Show`, `Click mode`, Edit und `View`. Dabei ist wichtig zu wissen, dass man in PAST entweder editiert, d. h. Daten eingibt bzw. verändert, oder analysiert. Analysiert wird stets nur das, was markiert wurde und entsprechend hellblau unterlegt ist. Ist bei `Click mode` der Knopf `Select` aktiviert (blau), kann man die zu analysierenden Bereiche markieren: einfach die Spalte anklicken, das war's. Zur Kontrolle kann man ganz oben auch `Univariate`, dann `Summary statistics` anklicken, dann erhält man univariate Statistiken zu der aktivierten, blau markierten Spalte. Man benötigt die Statistiken nicht für die ganze Spalte, sondern nur für die ersten Fälle? Kein Problem: Mit dem Pfeil/Cursor in das erste gewünschte Feld klicken, dann auf der Tastatur die Shift-Taste (die ansonsten für das Umschalten auf große Buchstaben genutzt wird) drücken und gedrückt halten, mit dem Pfeil / Cursor in die unterste gewünschte Zelle klicken, das war's - der gewünschte Bereich sollte jetzt markiert sein. Überprüfen: Univariate Statistics, >> Summary statistics: jetzt sollten die Statistiken nur für die blau markierten Zellen ausgespielt werden. Genau so lassen sich auch mehrere Spalten gleichzeitig auswählen oder ein Teilfeld innerhalb der Tabelle. Will man mit einem Klick die gesamte Tabelle markieren – so, wie wir es für unsere CA benötigen – klickt man der Einfachheit halber oben im Block Edit auf den Knopf Select all: die ganze Tabelle wird hellblau unterlegt, sie ist im Ganzen ausgewählt.

Nun studieren wir noch den Bereich Show mit den Schaltern Row attributes und Column attributes. Ein Klick auf Row attributes öffnet drei neue Spalten; hier relevant ist lediglich die Spalte Name, wo der Name der Spalte eingetragen ist, in unserem Fall also die Grabnummer. Ohne Eintrag dort wird von PAST einfach die Zeilenummer angezeigt. Nehmen wir das Häkchen von den Row attributes weg und setzen es bei Column attributes, erscheint eine ähnliches Bild für die Spaltenköpfe; nun könnte man bei Name die Bezeichnung eines Typs verändern oder neu eingeben. Das war's für unsere Zwecke. Wer PAST tiefer kennenlernen will, sollte das Handbuch studieren oder sich per Versuch und Irrtum einarbeiten.

Über leere Zellen und Nullen

In der Statistik ist es normalerweise sehr wichtig, zwischen (beobachtet) Null und leerer Zelle (d.h. keine Beobachtung) zu unterscheiden. Drei Geldbörsen mit beobachtet Null, 10 und 20 Euro Inhalt ergeben einen Mittelwert von 10 Euro. Drei Geldbörsen mit einmal unbeobachtet, dann 10 und 20 Euro Inhalt ergeben einen Mittelwert von 15 Euro, bei einem unbeobachteten Fall. Bei einer CA ist dies anders, denn hier gibt es

keinen Unterschied zwischen beobachtet Null und leerer Zelle. Wer zwei-
felt, möge dies z. B. anhand der Beispiele bei Ihm (1983) eigenhändig
nachrechnen. PAST erwartet für die CA in allen Zellen Werte, daher sind
in unseren Übungstabellen alle leeren Zellen mit Nullen gefüllt.

7.1 PAST Schritt 1: CA rechnen und Streuungsdiagramm lesen

Genug der Vorreden, rechnen wir jetzt schnell eine CA! Dazu wird
der zu aktivierende Bereich markiert (siehe oben), was wir der Einfachheit
halber mit Hilfe des Schalters Edit und Select all tun können, oder
indem wir mit dem Cursor auf das linke obere Feld klicken, die Shift-Taste
drücken (und halten) und einem Klick in das rechte untere Feld abschlie-
ßen. Die Tabelle sollte jetzt komplett hellblau hinterlegt sein. Nun in die
oberste Zeile gehen zu Multivariate, >> Ordination, >> Correspondence (CA) und klicken (**Abb. 5**). Ein zweites Fenster Correpondence
analysis öffnet sich auf dem Bildschirm (**Abb. 6**).

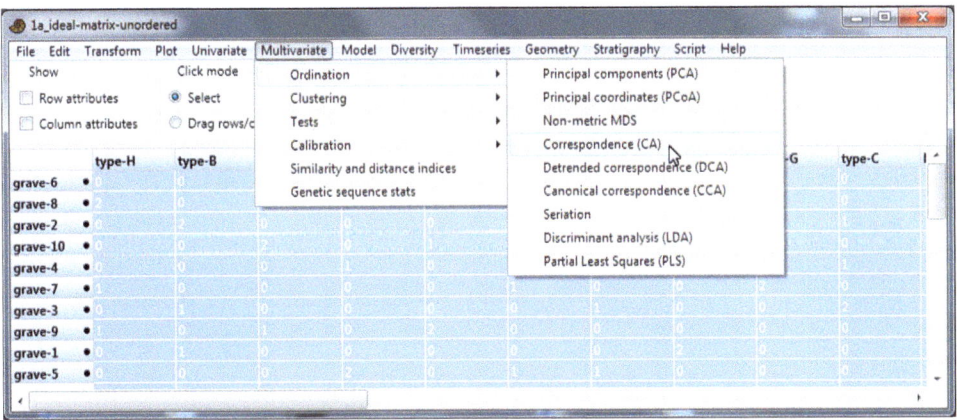

Abb. 5. Bildschirmfoto von PAST unmittelbar vor dem Berechnen
der Korrespondenzanalyse.

Das war's, die CA ist bereits komplett gerechnet. Schauen wir uns die Ergebnisse an. Das neue Fenster zeigt die Reiter Summary, Scatter plot, Row scores und Column scores. Per Voreinstellung sollte die Schaltfläche Scatter Plot aktiv sein, wenn nicht: draufklicken (**Abb. 6**). Man kann das ganze Fenster durch Klicken am Rand samt Aufziehen vergrößern und damit besser lesbar machen. Das Streuungsdiagramm zeigt die Gräber (schwarz) und Typen (blau) im Raum der beiden Ordnungen Achse 1 (waagerecht) und Achse 2 (senkrecht) an, die durch die Korrespondenzanalyse errechnet wurden. Insgesamt sollten die Punkte in etwa die Form einer Parabel oder eines Hufeisens bilden. Rechts in diesem Fenster kann man die Voreinstellungen verändern – wenn gewünscht. Wenn man z. B. das Häkchen vor Plot columns wegnimmt, werden die Spalten (Typen) ausgeblendet und man kann die Gräber besser erkennen.

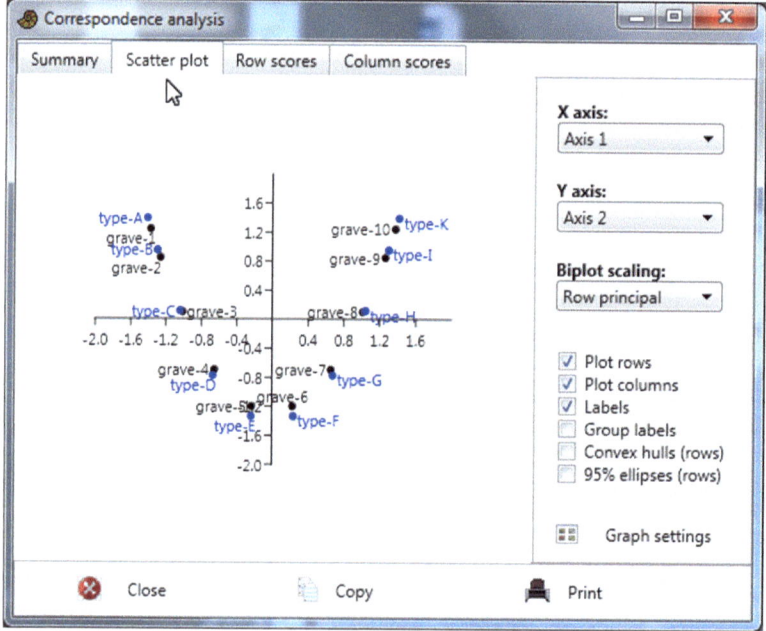

Abb. 6. Bildschirmfoto des neuen, zweiten (Ausgabe-)Fensters von PAST. Es zeigt das Streuungsdiagramm von Achse 1 (waagerecht) gegen Achse 2 (senkrecht).

In unserem Beispiel sprechen wir von Gräbern und Typen. Aber eine CA ist nicht auf die Analyse von Grabfunden beschränkt. Das Verfahren wurde ebenfalls erfolgreich auf Horte angewendet und auf Siedlungsbefunde und -schichten und deren Fundinhalte. Ein anderer Anwendungsfalls sind Objekte (als geschlossene Funde) und deren Merkmale, die geordnet werden sollen.

7.2 PAST Schritt 2: Tabelle neu ordnen und analysieren

Das Streuungsdiagramm zeigt als Achse 1 die waagerechte x-Achse und als Achse 2 die senkrechte y-Achse (**Abb. 6**). Die x-Achse ist die erste, dominante Lösung der CA. Die zweite Achse gibt eine weitere, weniger bedeutende Ordnung wieder, die unabhängig von der ersten Achse ist. Wir fokussieren wie üblich erst einmal auf die erste Ordnung und lesen die Achse von links nach rechts: Grab-1, Grab-2, Grab-3, … bis Grab-10, eine Reihenfolge, die von der in unserer Eingabetabelle `1a_ideal-matrix-unordered` deutlich differiert. Schauen wir auf die Typen: wir nehmen – rechts im Fenster – mit einem Klick auf `Plot columns` das Ausblenden der Spalten (Typen) weg und blenden mit einem Klick auf `Plot rows` das Häckchen dort aus und damit die Zeilen (Gräber). Erneut lesen wir entlang der x-Achse von links nach rechts: Typ-A, Typ-B, Typ-C, … bis Typ-K. Dies ist die Ordnung der Typen nach der ersten Achse der CA, die aufgrund unserer Ausgangstabelle berechnet wurde.

Blicken wir zunächst auf die übrigen Reiter im Fenster `Correspondence Analysis` (**Abb. 7**). `Row scores` (anklicken) zeigt für jedes Grab den Wert entlang Achse 1, 2, 3 usw., `Column scores` entsprechend für jeden Typ seinen Wert auf Achse 1, 2, 3 usw. Diese *Scores* (früher in der deutschen Literatur auch "Schwerpunkte" genannt) sind die statistischen Werte, die im Streuungsdiagramm Achse 1 gegen Achse 2 angezeigt worden waren, resp. nach denen die Punkte in das Diagramm gesetzt wurden. Auf die nähere Bedeutung dieser Achsen kommen wir später noch zurück, denn hierzu braucht es eine genauere Erklärung (siehe Kap. 8). Der Reiter oben ganz links `Summary` zeigt die Achsen 1, 2, 3 usw. und deren Eigenvalue (Eigenwert), % of total (Anteil am Gesamten) und Cumulativ, den von Achse zu Achse aufaddierten Anteil am Gesamten. Ja, auch diese Begriffe werden in Kürze erläutert (Kap. 8).

Axis	Eigenvalue	% of total	Cumulative
1	0,946589	30,563	30,563
2	0,800791	25,855	56,418
3	0,600452	19,387	75,804
4	0,392855	12,684	88,489
5	0,218319	7,0489	95,537
6	0,0983339	3,1749	98,712
7	0,0328356	1,0602	99,772
8	0,00663145	0,21411	99,987
9	0,000416104	0,013435	100

Abb. 7. Das PAST-Fenster Abb. 6, aber mit aktiviertem Reiter "Summary", die numerischen Resultate der CA anzeigend.
Für eine nähere Erklärung der Werte siehe Kap. 8.1.

Doch erst einmal versuchen wir, die Ausgangstabelle nach den Ergebnissen der CA neu zu ordnen. Also blicken wir auf das Fenster Correspondence analysis mit dem Reiter Scatter plot (ggf. anklicken), um die Grafik erneut anzuzeigen. Beginnen wir mit den Typen, die dort in blauer Schrift angezeigt sind. Kehren wir zum Ausgangsfenster mit der Tabelle zurück, also zu 1a_ideal-matrix-unordered. Der Block unter der obersten Zeile mit den Flächen Show, Click mode, Edit und View ist relevant, bei Click mode entdecken wir unter dem (wohl noch aktiven) Knopf Select den Knopf Drag row/colums. Wir klicken auf Drag row/columns und aktivieren damit diese Funktion. Nun ist PAST bereit, Zeilen und Spalten in der Datentabelle zu verschieben. Und das tun wir jetzt, wir ordnen durch Verschieben der Zeilen und Spalten die Tabelle neu nach den Ergebnissen der CA, in jener Reihenfolge, die wir aus dem zweiten Fenster `Correspondence analysis` ablesen. Wir gehen mit dem Zeiger /Cursor auf den Kopf der Spalte `Typ-A`, klicken und ziehen die Spalte auf die erste Position der Tabelle, nach ganz links. Dann suchen wir die Spalte `Typ-B`, klicken auf deren Kopf und ziehen die Spalte nach links in die zweite Position der Tabelle, nach `Typ-A`. Wir fahren fort, und nach ein paar Vertauschungen sind die Typen geordnet in – von links nach rechts – `Typ-A`, `Typ-B`, `Typ-C` usw. Erster Schritt fertig.

Nun zu den Zeilen (Gräbern). Wir können im Fenster "`Correspondence analysis`" in den Schaltflächen rechts nun die Gräber (`rows`) einblenden und die Typen (`columns`) zur besseren Lesbarkeit ausblenden. Dann sortieren wir in unserer Ausgangstabelle die Gräber (d. h. die Zeilen) in die dort entlang der x-Achse abgelesene Reihenfolge. Wiederum durch Anklicken des Zeilenkopfes links und ziehen der jeweiligen Zeile in die richtige Position. Also erst einmal `Grab-1` in die erste, oberste Zeile, dann `Grab-2` in die zweite Position, usw. Am Ende sollte dann die Tabelle mit allen Spalten (Typen) und Zeilen (Gräbern) exakt nach den Ergebnisse der CA geordnet sein (**Abb. 8**).

	type-A	type-B	type-C	type-D	type-E	type-F	type-G	type-H	type-I	type-K
grave-1	2	1	0	0	0	0	0	0	0	0
grave-2	1	2	1	0	0	0	0	0	0	0
grave-3	0	1	2	1	0	0	0	0	0	0
grave-4	0	0	1	2	1	0	0	0	0	0
grave-5	0	0	0	1	2	1	0	0	0	0
grave-6	0	0	0	0	1	2	1	0	0	0
grave-7	0	0	0	0	0	1	2	1	0	0
grave-8	0	0	0	0	0	0	1	2	1	0
grave-9	0	0	0	0	0	0	0	1	2	1
grave-10	0	0	0	0	0	0	0	0	1	2

Abb. 8. Bildschirmfoto unserer Beispieltabelle (Abb. 4), nun mit den Zeilen und Spalten neu geordnet nach den Ergebnissen der CA.

Vorab: Bei großen Tabellen könnte in der späteren Praxis diese anschauliche und einfach durchzuführende händische Umsortierung der Zeilen und Spalten etwas mühsam werden. Nach Kap. 17 zeige ich daher im Anhang einen Weg, bei großen Tabellen schneller zum Ziel zu kommen.

Beachten Sie, dass bei diesem Umordnen nur die Reihenfolge der Spalten und Zeilen verändert wird, nicht der eigentliche Inhalt: Weiterhin befinden sich die Typen in den gleichen Gräbern wie in der Ausgangstabelle. Bitte schauen Sie sich nun die resultierende Tabelle genauer an, um das recht einfache Muster zu sehen, das ich für unsere Übung angenommen habe: In den Spalten sind die Typen immer in-existent (0), werden erfunden (1), sind modern (2), werden wieder unmodern (1) und verschwinden danach gänzlich (0). In den Zeilen haben alle Gräber jeweils drei Typen, zwei von ihnen nur einfach, einen Typen jeweils in zwei Exemplaren. Ja, ein recht einfaches und schematisches Modell, eben eine "ideale Matrix", zudem mit einer Benennung der Gräber und Typen, die das Ordnen resp. nun die Kontrolle der Ordnung sehr leicht macht. Ganz so einfach wird es später bei realen archäologischen Anwendungen nicht sein, aber für eine erste Erfahrung mit PAST und einer CA dürfte diese Einfachheit hilfreich sein.

8 Einige Erläuterungen zu den statistischen Maßzahlen

Zuerst seien die Prioritäten gerade gerückt: Beim Arbeiten mit einer CA sollten nicht die statistischen Werte im Vordergrund stehen, sondern die archäologischen Inhalte und Kriterien. Die Typen oder Merkmale sollten wohlüberlegt und gut definiert sein. Ihre Auswahl muss der Fragestellung angemessen sein und ggf. im Laufe des Arbeitsprozesses optimiert werden. Geht es bei der Analyse um Chronologie, braucht man chronologisch empfindliche Typen; geht es um andere Aspekte wie z. B. das soziale Geschlecht, braucht man Typen, die für diese Fragestellung relevant und empfindlich sind. Die Gräber (oder Befunde), die in die Analyse eingehen, müssen hinreichend an Zahl und der Fragestellung angemessen sein. Geht es um Chronologie, braucht man gut dokumentierte geschlossene Funde, während Befunde, die eventuell vermischt sind oder über eine lange Zeit hinweg Material gesammelt haben, keine guten Ergebnisse bringen können und aus den Analysen ausgeschlossen werden sollten. Der Fokus des Arbeitens sollte auf der Archäologie liegen, hier liegen sowohl die gravierenderen Fehlerquellen oder als auch die größeren Verbesserungsmöglichkeiten. Ein tieferes Verständnis der nachfolgend erläuterten statistischen Werte ist demgegenüber weniger wichtig, wenn auch nützlich.

8.1 Achsen, Eigenwerte und Inertia

Die CA berechnet normalerweise eine mehrdimensionale Lösung: zunächst eine dominante, erste Lösung (oder Ordnung) aus den eingegebenen Daten ("Achse 1"), danach wird eine zweite Lösung gesucht, die unabhängig von der ersten Achse ist, danach eine dritte Lösung, die von der ersten und zweiten Achse unabhängig ist, und so weiter. Dies ist ein rein statistischer Prozess, der im übrigen ganz ähnlich bei einer PCA/Faktorenanalyse stattfindet, die ebenfalls nacheinander mehrere voneinander unabhängige Faktoren aus einem Datensatz extrahiert. Es ist im Falle einer CA möglich, dass auch die zweite oder gar die dritte Achse eine archäologisch interpretierbare Ordnung aufweist. Aber in der Praxis vieler archäologischen Arbeiten, die eine CA unternommen haben, zeigt sich, dass meist vor allem die erste Achse ergebnisträchtig ist und für die spätere Interpretation genutzt werden kann, dagegen nur selten auch die zweite oder gar dritte Achse. Um ein Beispiel zu geben, wie ein solches mehrdimensionales Ergebnis bei der Analyse von Gräbern im Idealfall aussehen könnte: die erste Achse ordnet nach sozialem Geschlecht, die zweite nach der Chronologie, die dritte nach dem sozialen Status der Verstorbenen. Aber dies ist ein Idealmodell, eine reale Analyse dieser Art ist mir weder je gelungen noch ist mir eine solche aus der Literatur bekannt. Für unsere Praxis heißt dies, dass wir uns im Normalfall auf die Ordnung nach der ersten Achse fokussieren können und diese optimieren und verstehen sollten.

Alle in der CA berechneten Achsen gemeinsam sollten eine optimale statistische Erklärung der Struktur geben, die in der gesamten Variabilität des eingegebenen Datensatzes steckt. Diese gesamte Variabilität im Datenkörper wird "Inertia" genannt. Die erste Achse spiegelt einen Teil dieser Inertia wider, die zweite Achse einen weiteren, allerdings geringen Anteil usw. Die Bedeutung – im statistischen Sinne – jeder Achse (und Grabes, Befundes, Typs) ist ihr "Eigenwert" (engl. *eigenvalue*). Je höher der Eigenwert einer Achse, desto größer ihre Bedeutung, d. h. ihr Anteil an der gesamten Inertia. In unserem Beispiel hat Achse 1 einen Eigenwert von ca. 0.95 (siehe Spalte `Eigenvalue` hinter dem Reiter `Summary` im Fenster `Correspondence analysis`) oder 30.56 Prozent der Inertia der gesamten Tabelle (siehe Spalte `% of total`). Achse 2 in unserem Beispiel hat einen Eigenwert von 0.80 und einen Anteil von 25.86 Prozent an der gesamten Inertia. Gemeinsam erklären Achse 1 und 2 insgesamt 56.42 Prozent der in der Tabelle steckenden Variabilität (Spalte `Cumulative`) - was im übrigen erfahrungsgemäß ein recht hoher Wert ist. Normalerweise sollte die erste Achse einen relativ hohen Eigenwert aufweisen und einen hohen Anteil der gesamten Inertia erklären, und die nachfolgenden Achsen sollten eine zunehmend geringer werdende Bedeutung haben.

In der Praxis indes sollten diese Zahlen nicht überbewertet werden. Ich habe Tabellen gesehen, die rein statistisch gesehen sehr gute Werteketten zeigten, aber archäologisch keinen nennenswerten Sinn ergaben, und umgekehrt Tabellen, die archäologisch gut vorbereitet waren und sehr sinnvolle Interpretationen zuließen, jedoch rein statistisch gesehen keine besonders guten Werte aufwiesen. Der archäologische Wert einer CA bemisst sich nicht nach den statistischen Kennzahlen, sondern muss vor allem anhand archäologischer Argumente überprüft und validiert werden (Kap. 12.2).

8.2 Zeilen- und Spaltenwerte (scores)

Wir verstehen nun auch die Zeilen- und Spaltenwerte (in der älteren deutschsprachigen Literatur auch Schwerpunkte genannt). Jede Achse steht für eine eigene (Bedeutungs-)Dimension, und die Zeilen- und Spaltenwerte der einzelnen Gräber (oder Befunde) und Typen (oder Attribute) zeigen deren Position entlang der von der jeweiligen Dimension aufgespannten Skala an. Es sind diese Werte, nach denen die Punkte im Streuungsdiagramm angeordnet werden. Da unsere CA mehr als zwei Dimensionen errechnet hat, gibt es mehr als ein Streuungsdiagramm, das wir betrachten können (Kap. 8.3).

Es ist wichtig zu wissen, dass diese Werte (*scores*) entlang jeder Achse eine gut definierte Skala bilden, auf der jedes Grab und jeder Typ einen bestimmten Platz haben, bei dem der Abstand zum Nachbarn definiert ist und der daher auch interpretiert werden kann. Aber die Skala insgesamt hat keine definierte Richtung; vielmehr kann die Richtung der Achsen nach Belieben umgekehrt werden, z. B. indem man alle Werte mit "minus 1" multipliziert. Eine solche Umkehrung der Richtung verändert nicht die Ordnung und auch nicht die Abstände der einzelnen Punkte zueinander, welche aus den individuellen Werten (*scores*) ersichtlich sind. Um es mit archäologischem Hintergrund einfacher zu erklären: wenn wir eine Achse einer CA als Zeit interpretieren, ist der Wert (*score*) für ein Grab und für einen Typ wohl berechnet und seine Position auf dieser Achse exakt definiert, nicht aber, wo bei der Achse der (alte) Anfang und das (junge) Ende liegt. Diese wichtige Frage kann nie mit Hilfe einer CA gelöst werden. Hierzu bedarf es externer archäologischer Argumente, wie etwa der Stratigrafie oder von ^{14}C-Daten. Wozu dann die CA? Nun, man benötigt für die Klärung der Richtung eigentlich nur für zwei Fälle einer ganzen Tabelle eine zuverlässige externe Datierungsinformation (Stratigrafie, ^{14}C, Dendrochronologie, Münzen), und es muss nicht notwendigerweise eine absolute Datierung sein, sondern als Mindestanforderung lediglich eine sichere relative Datierung. Das Übrige leistet dann die CA.

8.3 Jenseits der ersten Dimension (Achse) einer CA

Wie wir oben erfahren haben, errechnet eine CA üblicherweise mehrere Dimensionen bis hin zu dem Punkt, wo aus Sicht der Statistik die weitere Extraktion von Dimensionen keinen Sinn mehr macht. Die Anzahl dieser Dimensionen ist nicht fix, sondern individuell vom Datensatz abhängig. Doch es ist nicht notwendig, sich um all' diese Achsen zu kümmern. In den meisten archäologischen Anwendungen der Methode wird nur die erste, manchmal auch die zweite Dimension interpretiert, selten nur eine dritte oder höhere. In einem Streuungsdiagramm zwischen der ersten und zweiten Achse ergibt die Wolke der Punkte oft die Form einer Parabel oder eines Hufeisens (**Abb. 6**). Diese Figur ist ein rein mathematisches Artefakt des Verfahrens. Wenn die Daten vollständig dem unimodalen Modell folgen und hinreichend dicht und ohne große Lücken die berechneten Dimensionen widerspiegeln, ergibt sich im Streuungsdiagramm von Achse 1 mit Achse 2 solch eine Parabel in einer Idealform. In diesen Idealfällen ergeben auch die Streuungsdiagramme der Achsen 1 und 3 sowie der Achsen 2 und 3 bestimmte ideale Kurvenverläufe. Diese idealen Kurven sollte man einmal gesehen haben und kennen, weshalb wir sie jetzt studieren wollen.

Starten Sie dazu bitte PAST und öffnen die Tabelle `1b_ideal-matrix-ordered` und schauen sich die Tabelle noch einmal kurz an (es sind inhaltlich die gleichen Daten wie `1a_ideal-matrix-unordered`). Sie zeigt ein modellhaft ideales Bild von zehn Typen und zehn Gräbern mit einer jeweils optimal unimodalen Präsenz der Typen in den Gräbern. Rechnen Sie nun eine CA und schauen sich das Streuungsdiagramm Achse 1 gegen Achse 2 an, so, wie wir es oben praktiziert haben (Kap. 7.1). Sie sollten jetzt eine Parabel sehen, die bestätigt, dass dieser Datensatz in guter Weise dem unimodalen Modell folgt. Im Fenster `Correspondence analysis` befinden sich weitere Schaltknöpfe, die wir bislang noch nicht benutzt haben, nämlich oben jene beiden mit der Überschrift `X axis` und `Y axis`. Gehen Sie nun bitte zur Schaltfläche `Y axis` und klicken auf den Schalter. Es klappt ein Menü auf mit einer Liste der verfügbaren Achsen 1, 2, 3 usw., klicken Sie dort auf Achse 3. Unmittelbar verändert sich das Streuungsdiagramm, es zeigt nun die Achsen 1 (waagerecht, x-Achse) und 3 (senkrecht, y-Achse) (**Abb. 9**). Die Punkte folgen nun einer liegenden S-Kurve, was das erwartete typische Bild ist und erneut bestätigt, dass die

Daten dem erwarteten Idealmodell entsprechen. Schalten Sie gegebenenfalls rechts das Häkchen bei `Labels` weg, dann sehen Sie nur die Punkte
und können die Kurve besser studieren.

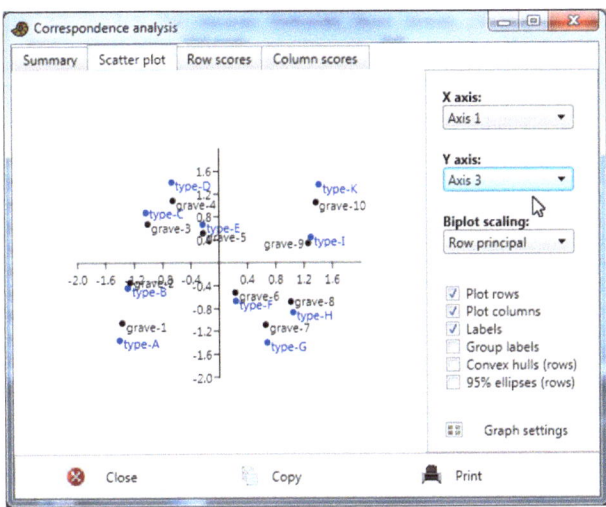

Abb. 9. Bildschirmfoto des Ausgabefensters von PAST. Es zeigt das Streuungsdiagramm
von Achse 1 (waagerecht) gegen Achse 3 (senkrecht). Vgl. Abb. 6 und 10.

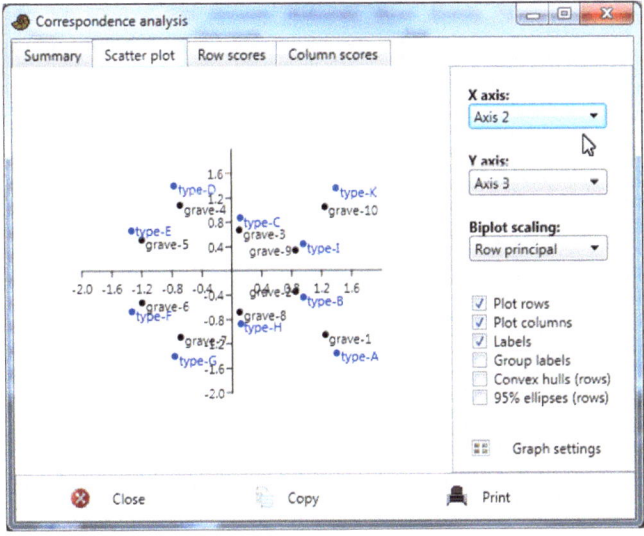

Abb. 10. Bildschirmfoto des Ausgabefensters von PAST. Es zeigt das Streuungsdiagramm
von Achse 2 (waagerecht) gegen Achse 3 (senkrecht). Vgl. Abb. 6 und 9.

Wir wollen nun das Diagramm der Achsen 2 und 3 betrachten. Dazu gehen wir auf die Schaltfläche X axis und wählen dort die Achse 2 aus, klick. Wieder ändert sich das Streuungsdiagramm, es zeigt jetzt die Punkte im Raum der Achse 2 (waagerecht, x-Achse) und Achse 3 (senkrecht, y-Achse) (**Abb. 10**). Die Punkte folgen nun – ganz unstatistisch gesprochen – der Kontur eines von der Seite gesehenen Fisches, was wiederum die erwartete Idealkurve dieser beiden Dimensionen darstellt.

Die drei Streuungsdiagramme von Achse 1 mit 2, 1 mit 3 und 2 mit 3 (**Abb. 6, 9-10**), die wir hier studiert haben, sind drei zweidimensionale Ansichten auf einen dreidimensionalen Würfel und eine Punktwolke, die innerhalb dieses Würfels in einer komplexen Form verläuft. Wir schauen jeweils von einer Seite des Würfels in diese Wolke hinein. Wenn Sie sich näher für diese Form interessieren, können Sie versuchen, sich ein mechanisches Modell davon zu bauen – doch wirklich nötig ist dies nicht. Für unsere Zwecke sind die drei zweidimensionalen Streuungsdiagramme hinreichend, und es war wichtig, diese idealtypischen Kurvenverläufe zumindest einmal zu sehen. Man sollte sie in Erinnerung haben, wenn mal reale Datensätze untersucht, um die Ähnlichkeit resp. Unähnlichkeit der realen Kurven mit diesen Idealbildern einschätzen zu können.

8.4 Korrespondenzanalyse und Seriation

Nun sind wir bereit für die Beantwortung einer sich längst aufdrängenden Frage: Was ist der Unterschied zwischen einer Seriation und einer Korrespondenzanalyse? Nun, wie wir gesehen haben, ergibt die CA eine mehrdimensionale Lösung. Die Seriation tut dies nicht, sie ergibt nur eine Lösung, d. h. sie ist eindimensional. Die Ordnung, welche mit einer Seriation errechnet wird, ist – wenn die Seriation modern und korrekt durchgeführt wurde – identisch mit der ersten Achse einer CA. Daher sind ältere Studien, die anstelle einer damals noch unbekannten CA auf einer Seriation beruhen, heute auch nicht falsch. Vielmehr sollte sich bei Anwendung einer CA auf die damals seriierten Daten eine identische oder zumindest sehr ähnliche Lösung ergeben.

Die erste in Deutschland per Computer durchgeführte Seriation (GOLDMANN 1972) berücksichtigte nur die Anwesenheit und Abwesenheit von Typen, d. h. die zu ordnende Tabelle bestand nur aus Nullen und Einsen (Anwesenheits-/Abwesenheits-Matrix). Später kam bei der Analyse von Siedlungsmaterial das Bedürfnis auf, auch den Aspekt der unterschiedlichen Häufigkeit von Typen in den einzelnen Inventaren berücksichtigen zu können. Nach einer leichten Anpassung des Rechenwegs (Algorithmus) und einer Verbesserung des statistischen Gütemaßes waren dann seit den 1970er Jahren auch sog. Häufigkeitsseriationen möglich. Die zu ordnenden Tabellen werden in der archäologischen Literatur meist Kombinationstabellen genannt, unter Statistikern heißen sie Kontingenztafeln. Wendet man den Algorithmus einer Häufigkeitsseriation auf eine Anwesenheits-/Abwesenheits-Tabelle an, ergibt sich die gleiche oder eine sehr ähnliche Ordnung wie bei einer sog. Seriation, allerdings mit besser interpretierbaren "Schwerpunkten" (*scores*).

8.5 Was ist relevant: die Kurve oder die Achse?

Nachdem wir die idealtypischen Kurven – insbesondere die Parabel von Achse 1 mit 2 – gesehen haben, schließt sich meist die Frage an, welche Ordnung und welche Position eines Grabes oder eines Typs relevant ist: jene exakt entlang einer Achse (z. B. Achse 1) oder jene entlang des Verlaufs der Parabel? Die erste Antwort ist richtig: Entscheidend sind die Ordnung und die Abstände entlang der relevanten Achse, nicht entlang der Kurve.

Um für die weitere Auswertung einer CA eine bessere Darstellung der Position und der Abstände der Gräber und Typen entlang einer Achse bereitstellen zu können, wurde eine Variante der CA entwickelt, die als *Detrended Correspondence Analysis* (DCA) bezeichnet wird (siehe Kap. 12.5). Dabei wird zunächst eine gewöhnliche CA berechnet, und anschließend werden die resultierenden Kurven aus den Achsen herausgerechnet, so dass diese im Idealfall eine gerade Line bilden. Die Idee dahinter ist, dass nach dem "End-trenden" der Achsen die Abstände zwischen den Punkten richtiger sind als bei einer gewöhnlichen CA. Das mag so sein, aber im Vergleich zeigt sich, dass die Unterschiede zwischen einer CA und einer DCA in der relevanten Achse 1 (und meist auch 2) sehr gering sind und daher – aus meiner Sicht – in den meisten Fällen nicht relevant für die archäologische Praxis.

Neugierig geworden auf eine DCA? Mit PAST nichts leichter als das. Gehen Sie zurück zur Ausgangstabelle mit den Daten, aktivieren Sie wie gewohnt die gesamte Datentabelle oder einen Bereich davon, gehen in die oberste Zeile auf Multivariate, >> Ordination, und nun statt Correspondence (CA) eine Zeile tiefer zu Detrended Correspondence (DCA), klick, und fertig. Ein neues Fenster Detrended correspondence analysis zeigt ihnen die Ergebnisse, und zwar das Streuungsdiagramm Achse 1 (waagerecht) mit Achse 2 (senkrecht). Wie ein Vergleich mit einer für den gleichen Datensatz berechneten CA schnell zeigt, hat sich die Reihenfolge der Gräber und Typen nicht verändert, sondern allenfalls ein wenig die Abstände und ggf. die Richtung (Sie erinnern sich: Die Richtung kann frei umgekehrt werden).

8.6. Der "Parabeltest"

Bisweilen liest man in archäologischen Publikationen, die mit einer CA gearbeitet haben, dass ein Parabeltest durchgeführt wurde. Möglicherweise haben Sie noch nie von diesem Test gehört und konsultieren Ihr gewohntes Handbuch der Statistik, um näheres über den Parabeltest zu erfahren. Dort finden Sie Ausführungen z. B. zum Chi-Quadrat-Test, den Mann-Whitney U-Test oder zum Kruskal-Wallis H-Test, aber leider nichts über den Parabeltest. Kein Wunder, es gibt ihn nämlich nicht. Der "Parabeltest" ist kein seriöses statistisches Testverfahren, sondern ein Mythos. Einen Parabeltest durchführen meint nichts weiter, als rein optisch die tatsächlich beobachtete Streuung der Punkte im Streuungsdiagramm Achse 1 mit Achse 2 mit dem erwarteten Idealbild einer Parabel (wie **Abb. 6**) zu vergleichen. Das ist der "Parabeltest".

Nun, es kann wirklich wertvoll sein zu sehen, inwieweit nach einer CA im Streuungsdiagramm der Achse 1 mit Achse 2 die Punktwolke die Form einer Parabel annimmt, denn dies validiert resp. falsifiziert die zu Grunde liegende Annahme des Vorliegens des unimodalen Modells. Auch die Wahrnehmung der Abweichung von der Idealform einer Parabel kann hilfreiche Hinweise für die weitere Analyse und Interpretation der Daten geben. Aber ein solcher Parabeltest ist alles andere als ein sauberer statistischer Test. Daher: Bitte sprechen Sie nie wieder vom Parabeltest, denn es gibt ihn nicht.

8.7. Von Hufeisen und Parabeln

Worum geht es eigentlich: Um eine Parabel oder um eine hufeisenförmige Kurve? Wie wir schon gelernt haben, ist die sich aus einer CA ergebende Ordnung wohldefiniert, nicht aber die Richtung. Die Richtung kann beliebig umgekehrt werden. Oft ergibt das Streuungsdiagramm von Achse 1 mit Achse 2 die Form einer Parabel mit offenen Enden nach oben und einer unten liegenden Mitte, bisweilen aber auch die Form eines Hufeisens mit offenen Enden nach unten und einer oben liegenden Mitte. Die diesbezügliche Lösung der konkreten CA ergibt sich eher zufällig im letzten Schritt der internen Rechnungen, sie ist von der Eingabereihenfolge der Daten und vom Zufall abhängig, und es liegt keine inhaltliche Bedeutung darin. Parabel oder Hufeisen sind daher gänzlich äquivalente Bilder.

Bei der Analyse realer Daten kann es indes hilfreich sein, dem Leser jeweils vergleichbare Bilder anzubieten, d.h. stets eine Parabel oder stets ein Hufeisen, die Achsen also ggf. durch Multiplikation mit "minus 1" entsprechend zu spiegeln. Dabei liegt die Antwort auf die Frage "Parabel oder Hufeisen" ganz bei Ihnen, wie Sie es persönlich bevorzugen. Die Mehrheit der Archäologen in Europa bevorzugt die Darstellung als Parabel, US-amerikanische Archäologen scheinen die Darstellung (und auch die Benennung) als Hufeisen zu bevorzugen. Es ist wichtig zu wissen, dass dies allein die Optik betrifft und es keinen inhaltlichen Unterschied zwischen beiden Traditionen gibt.

9 Mehr Erfahrung gewinnen mit der CA

Nachdem wir an einem Idealfall das Grundlegende kennen gelernt haben und eine CA mit Hilfe z. B. von PAST unfallfrei rechnen können, ist es nützlich, zunächst anhand gezielt konstruierter Daten weitere Erfahrungen mit typischen Fällen und der Interpretation der Ergebnisse zu gewinnen, bevor man sich an echte archäologische Datensätze begibt. Daher sollen hier noch ein paar weitere Beispiele mit kleinen simulierten Datensätzen berechnet und betrachtet werden, um sich etwas tiefer in die Anwendung der CA einzufinden. Dies wird später helfen, echte archäologische Datensätze besser zu verstehen und sie für eine CA gegebenenfalls optimieren zu können.

9.1 Fallstudie mit einem unspezifischen Typ

Die Tabelle `2_ideal-matrix_with-one-unspecific-type` zeigt idealisiert einen in der archäologischen Praxis häufigen Fall: Die Tabelle enthält vorwiegend gut definierte, zeitempfindliche Typen und gute geschlossene Komplexe resp. Gräber (**Abb. 11**). Ein Typ aber tritt über die ganze hier repräsentierte Zeit hin auf, er ist unspezifisch, zeit-unempfindlich. In der Archäologie wird solch' ein Typ oft als "Langläufer" bezeichnet. Um die Dinge hier so einfach wie möglich zu halten, befindet sich die Tabelle bereits in der ideal richtigen Ordnung und am Ende ist jener unsensible Typ der Art "Langläufer" hinzugefügt.

Aktivieren Sie bitte PAST, laden diesen Datensatz (oder geben ihn nach Abb. 11 jetzt ein) und berechnen eine Korrespondenzanalyse. Schauen Sie auf das Streuungsdiagramm Achse 1 mit Achse 2 (**Abb. 12**). Es sieht der ersten, idealen Parabel (**Abb. 6**) ohne Langläufer sehr ähnlich: Das Streuungsdiagramm weist annähernd eine Parabelform auf und die Typen und Gräber liegen weitgehend in der erwarteten Reihenfolge. Neu zeigt das Diagramm den Typ `unsensible`, und zwar in der Mitte der parabelförmigen Streuung der übrigen Punkte. Prima, das ist das typische Bild. Wenn sich bei einer CA mit im allgemeinen gut definierten zeitsensiblen Typen und guten geschlossenen Funden eine stabile Ordnung ergibt und dem entsprechend eine Parabel im Streuungsdiagramm Achse 1 mit Achse 2, liegen die zeit-unempfindlicheren Typen resp. Langläufer gerne inmitten dieser parabelförmigen Streuung. Nun, nachdem wir das Phänomen kennen, können wir es für die vertiefte Analyse einer CA nutzen, und ggf. eben auch für die Überlegung, welche Typen in eine endgültige Analyse eingehen und welche Typen eventuell weniger hilfreich sind und aus der Analyse ausgeschlossen werden könnten oder besser und schärfer definiert werden sollten.

	type-A	type-B	type-C	type-D	type-E	type-F	type-G	type-H	type-I	type-K	unsensible
grave-1	2	1	0	0	0	0	0	0	0	0	1
grave-2	1	2	1	0	0	0	0	0	0	0	1
grave-3	0	1	2	1	0	0	0	0	0	0	1
grave-4	0	0	1	2	1	0	0	0	0	0	1
grave-5	0	0	0	1	2	1	0	0	0	0	1
grave-6	0	0	0	0	1	2	1	0	0	0	1
grave-7	0	0	0	0	0	1	2	1	0	0	1
grave-8	0	0	0	0	0	0	1	2	1	0	1
grave-9	0	0	0	0	0	0	0	1	2	1	1
grave-10	0	0	0	0	0	0	0	0	1	2	1

Abb. 11. Die Modelltabelle mit einem zusätzlichen, (zeit-)unspezifischen Typ (Spalte rechts).

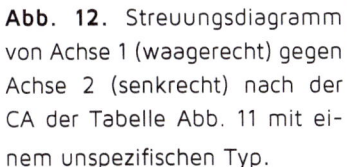

Abb. 12. Streuungsdiagramm von Achse 1 (waagerecht) gegen Achse 2 (senkrecht) nach der CA der Tabelle Abb. 11 mit einem unspezifischen Typ.

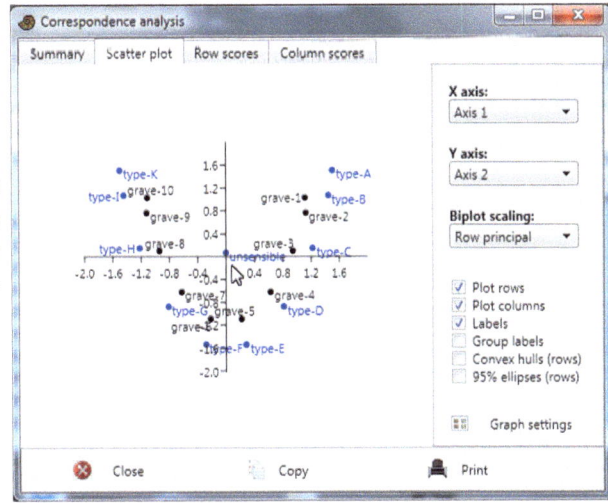

9.2 Fallstudie mit einem vermischten Grabinventar

Ähnliches wie beim Fall zuvor ist auch auf Seite der Befunde denkbar, also ein Grab, das über eine längere Zeit Funde "gesammelt" hat. In dem Datensatz `3_ideal-matrix_with-unspecific-grave` ist dieser Fall simuliert. Laden Sie die Tabelle, schauen sich das neu eingefügte unspezifische Grab an und führen eine CA durch. Das resultierende Streuungsdiagramm sieht dem vorherigen Bild (**Abb. 12**) sehr ähnlich: Die Typen und Gräber sind entlang einer parabelförmigen Punktwolke gut und richtig geordnet, in der Mitte liegt der neue Befund `collectorgrave`. Die beiden simulierten Fälle zeigen, dass die CA gleicherweise auf Änderungen bei den Befunden (Zeilen) und bei den Gräbern (Spalten) reagiert und dass die besondere Lage von Punkten in der Mitte zwischen den Parabelästen in beiden Fällen ein nützliches diagnostisches Instrument ist.

Lassen Sie uns den zuvor simulierten Fall ein wenig dramatisieren, indem wir ein vermischtes Grabinventar simulieren, das versuchsweise aus einem der älteren und einem der jüngeren Gräber zusammengesetzt wird. Der Datensatz `4_ideal-matrix_with-mixed-grave` enthält diesen Fall eines Inventars, das aus Grab 3 und Grab 9 zusammengesetzt wurde, wobei in der Mitte weitere Typen aufgefüllt sind (**Abb. 13**). Nach der CA zeigt sich im Streuungsdiagramm Achse 1 mit Achse 2 das nunmehr bereits erwartete Bild einer weiterhin brauchbaren Ordnung, bei der das Grab `mixed` inmitten der Parabel landet (**Abb. 14**). Im Gegensatz zu den beiden vorherigen Versuchen ist jedoch die Parabel ein wenig verändert: unsymmetrisch und im Falle der Typen H, I und K auch nicht mehr exakt in der von uns vorgesehenen Reihenfolge. Wir lernen: Bei den beiden Versuchen zuvor mit jeweils einem unspezifischen Typ (Langläufer) oder Inventar wurde die wichtige Regel "unimodales Verhalten" nicht schwerwiegend verletzt. Im vorliegenden Fall jedoch zeigen sich zwei voneinander entfernte Typ-Maxima, d. h. das Grab verhält sich letztlich bimodal – und verletzt damit die Modellerwartungen einer CA gravierender. Ein solcher Fall hat offensichtlich stärkere Auswirkungen auf die Ergebnisse einer CA und die resultierende Ordnung.

	type-A	type-B	type-C	type-D	type-E	type-F	type-G	type-H	type-I	type-K
grave-1	2	1	0	0	0	0	0	0	0	0
grave-2	1	2	1	0	0	0	0	0	0	0
grave-3	0	1	2	1	0	0	0	0	0	0
grave-4	0	0	1	2	1	0	0	0	0	0
grave-5	0	0	0	1	2	1	0	0	0	0
grave-6	0	0	0	0	1	2	1	0	0	0
grave-7	0	0	0	0	0	1	2	1	0	0
grave-8	0	0	0	0	0	0	1	2	1	0
grave-9	0	0	0	0	0	0	0	1	2	1
grave-10	0	0	0	0	0	0	0	0	1	2
mixed	0	1	2	1	1	1	1	1	2	1

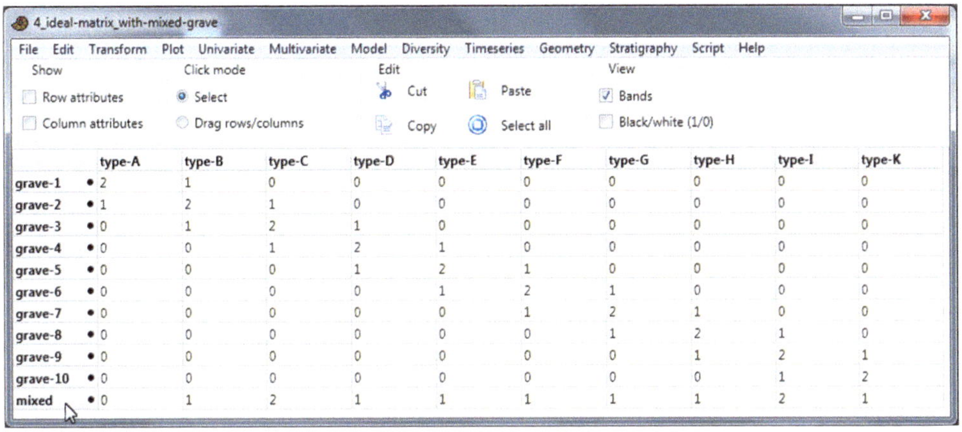

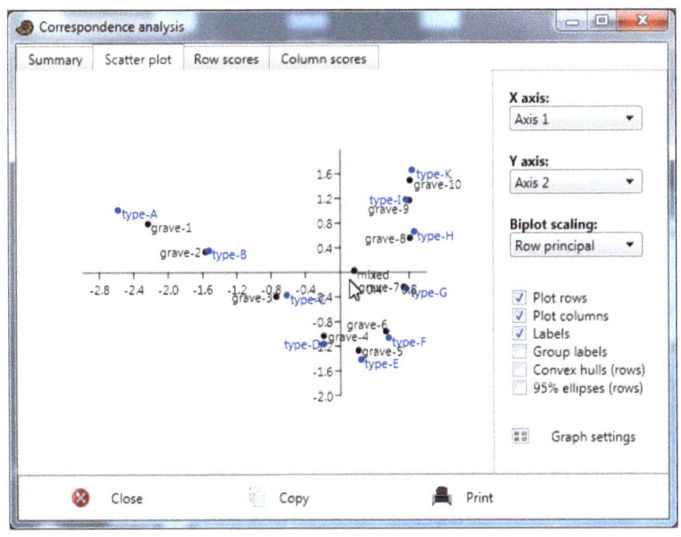

Abb. 13. Die Modelltabelle mit einem zusätzlichen, vermischten Grabinventar (unterste Zeile).

Abb. 14. Streuungsdiagramm von Achse 1 (waagerecht) gegen Achse 2 (senkrecht) nach der CA der Tabelle Abb. 13 mit einem vermischten Grabinventar.

Im Vergleich zu realen archäologischen Datensätzen ist unsere Übungstabelle klein und daher auch empfindlich gegen einzelne Änderungen. Man kann sich diese Erfahrung spielerisch selbst erarbeiten – etwa in dem man die vorgegebene Tabelle `1a_ideal-matrix-ordered` zunächst im Sinne ihrer Ausgangsidee deutlich vergrößert und dann die hier exemplarisch durchgeführten Simulationsversuche mit einem einzelnen hinzugefügten, unpassenden Spezialfall wiederholt. Große, echte Datensätze lassen sich kaum durch solche Einzelfälle gravierend beeinflussen. Aber die hier vorgeführten Beispiele zeigen, dass und wie einzelne Verletzungen der Modellannahmen wirken. Typen oder Gräber, die im Vergleich zum übrigen Material in einem Datensatz weniger zeitempfindlich sind, stören das resultierende Gesamtbild kaum. Die CA resultiert weiterhin in einer generell stimmigen Ordnung, aber die betreffenden Störfälle werden nicht wirklich sinnvoll in das Bild eingefügt. Immerhin hilft die CA, diese Störfälle aufzuspüren (**Abb. 12, 14**). Tatsächlich vermischte Befunde (Gräber), die typische Ensembles von zwei deutlich unterschiedlichen Zeiten vereinen, sind jedoch einflussreicher. In unserem Fall hilft auch hier die CA, diesen Störfall zuverlässig zu entdecken (**Abb. 14**). Wenn solche Fälle innerhalb eines Datensatzes selten bleiben, ergibt die CA dennoch ein brauchbares Bild und hilft außerdem, diese Störfälle zu identifizieren. Werden solche Fälle jedoch in einer Tabelle häufiger, wird es auch mit Hilfe einer CA schwer werden, eine gute Ordnung zu gewinnen und diese störenden Einzelfälle zuverlässig zu identifizieren.

9.3 Fallstudie schwach verbundene Datensätze

In den hier angenommenen archäologischen Fällen untersucht die CA die Kombination von Typen in Gräbern. Ein Typ, der nur in einem Grab vorkommt, ergibt keine Fundkombination, ebensowenig ein Grab, das nur einen Typ beinhaltet; beide Fälle tragen nicht zum Untersuchungsgegenstand Fundkombination bei und sollten daher gar nicht erst in die Datentabelle aufgenommen werden. Die Mindestanforderung an eine Untersuchung lautet: Jedes Grab enthält mindestens zwei relevante Typen, und jeder Typ kommt in mindestens zwei relevanten Gräbern vor. Aber auch dann, wenn diese Regel befolgt wird, kann es in umfangreicheren Tabellen Bereiche geben, die vergleichsweise schwach besetzt sind, d. h. die (zu) wenige analysierbare Kombinationen enthalten. Wir wollen uns auch diese Möglichkeit in der Praxis anschauen und laden dazu den Datensatz

5_ideal-matrix_with-weak-connection **(Abb. 15)**, schauen uns die Tabelle sorgfältig an und rechnen eine CA. Im Vergleich zu den bisher untersuchten Tabellen weist dieser Modellfall nun höhere Typ-Häufigkeiten an beiden Enden der Tabelle auf, ist aber in der Mitte deutlich ausgedünnt; schauen Sie insbesondere auf die Gräber 5 und 6 sowie die Typen E und F. Dennoch ist die oben genannte Mindestanforderung "jeder Typ in zwei Gräbern, jedes Grab enthält zwei Typen" weiterhin erfüllt.

	type-A	type-B	type-C	type-D	type-E	type-F	type-G	type-H	type-I	type-K
grave-1	3	2	0	0	0	0	0	0	0	0
grave-2	2	4	2	0	0	0	0	0	0	0
grave-3	1	2	4	2	0	0	0	0	0	0
grave-4	0	1	2	3	1	0	0	0	0	0
grave-5	0	0	0	1	1	0	0	0	0	0
grave-6	0	0	0	0	1	1	0	0	0	0
grave-7	0	0	0	0	0	1	3	2	0	0
grave-8	0	0	0	0	0	0	2	3	2	0
grave-9	0	0	0	0	0	0	0	2	3	2
grave-10	0	0	0	0	0	0	0	0	2	3

Abb. 15. Veränderte Modelltabelle mit Gräbern und Typen, die stärker untereinander verknüpft sind, jedoch eine nur schwach verbundene Mittelzone aufweisen.

Abb. 16. Streuungsdiagramm von Achse 1 (waagerecht) gegen Achse 2 (senkrecht) nach der CA der Tabelle Abb. 15 mit einer schwach verbundenen Mittelzone.

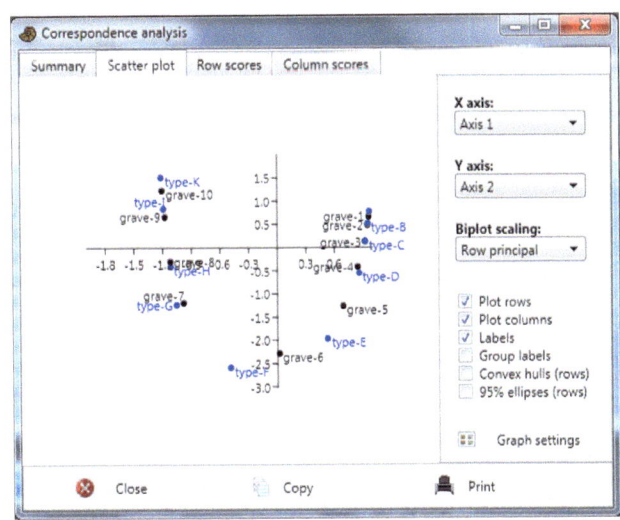

Das aus der CA dieser Tabelle resultierende Streuungsdiagramm Achse 1 mit 2 (**Abb. 16**) spiegelt diese Eigenheiten unserer Modellannahmen gut wider: Generell liegen die Gräber und Typen entlang Achse 1 in der erwarteten Ordnung. Die Typen A, B, C und D einerseits und die Typen G, H, I und K andererseits liegen jedoch recht dicht beieinander an jeweils einem Ende der Achse. Bei den Typen A, B und C hatten wir die Typhäufigkeit im Maximum auf 4 erhöht, entsprechend dichter liegen sie entlang Achse 1. Demgegenüber war die maximale Typhäufigkeit bei den Typen G, H, I und K nur auf 3 gesetzt worden, im Streuungsdiagramm liegen sie dicht, aber weniger dicht als A, B und C beieinander. In der Mitte weist die Parabel **Abb. 16** recht große Abstände zwischen den Gräbern resp. Typen auf und ist dort dünn besetzt – was ziemlich genau unseren modellhaften Eingriffen in die Ausgangstabelle entspricht.

Was lehrt das Beispiel? Gräber und Typen können stärker und schwächer als üblich miteinander vernetzt sein. Das Streuungsdiagramm der CA spiegelt diese Verdichtungen und Verdünnungen angemessen wider. Man kann dies für die spätere Chronologie z. B. für eine Phasenbildung benutzen, d. h. die Grenzen von chronologischen Phasen gezielt in die dünn besetzten Zonen der Parabel bzw. von Achse 1 legen und sie damit optimal an das gegebene Material anpassen. Es ist sicher nicht notwendig, sich für eine Phasenbildung an solche Kriterien zu halten, nämlich dann nicht, wenn es dafür andere gute Argumente gibt. Fehlen indes solche anderen externen Argumente, kann das Ergebnis der CA hilfreich herangezogen werden. Im vorliegenden Fall würde man - dem größten Abstand entlang Achse 1 folgend - zwischen die Typen E und F eine Phasengrenze legen und entsprechend zwischen die Gräber 6 und 7.

Unser hier verfolgtes Beispiel weist eine relativ schwache Verbindung zwischen zwei stärker verbundenen Teilbereichen einer Tabelle aus. Fehlt die Verbindung zwischen Blöcken gänzlich oder nahezu gänzlich, kann dies zu schwerwiegenden Fehlern in der per CA gewonnenen Abfolge der Gräber und Typen führen (IHM 1983, 19-20) – mit einer simulierten Tabelle lässt sich dies leicht ausprobieren. Daher sollte die Tabelle bei einer Analyse realer Daten sorgfältig auf dieses Problem hin überprüft werden.

9.4 Die Tabelle ist wichtiger als das Streuungsdiagramm

Wir haben nun mehrere Experimente mit unterschiedlichen künstlichen Daten durchgeführt, denen jeweils konkrete modellhafte Annahmen zu Grunde lagen. Dabei haben wir die Erfahrung machen können, dass das Streuungsdiagramm Achse 1 mit 2 recht unmittelbar wertvolle Einsichten in die Eigenheiten und die Struktur der Daten gewährt. Dennoch ist das Streuungsdiagramm kein Selbstzweck oder sollte in seiner Bedeutung nicht überschätzt werden. Im Kern geht es um die eingegebene Datentabelle, resp. um jene Tabelle, die wir nach der Umordnung durch die CA erhalten, denn nur hier lassen sich die tatsächlichen Fundkombinationen beobachten und vertiefend analysieren und bewerten. Dies ist auch deshalb wichtig, weil am Beginn einer Analyse in größeren Tabellen erfahrungsgemäß noch Datenfehler stecken, bisweilen schlichte Tipp- oder Übertragungsfehler. Nur beim Blick auf die Tabelle können sie entdeckt und bereinigt werden.

Ein typisches Problem beim Erarbeiten einer Typologie, die ja der CA zu Grunde liegt, ergibt sich aus dem Bedürfnis oder Anspruch vieler Bearbeiter, ein Fundmaterial nach Möglichkeit vollständig, d. h. ohne Rest zu gliedern. Üblicherweise bleiben nach dem Erarbeiten einer ersten Typologie und deren Anwendung auf die Objekte einige wenige Stücke übrig, die zu keinem der bereits definierten und gut mit Objekten unterfütterten Typen wirklich passen. Man wird dann dazu neigen, solche Objekte gegen Ende der Typisierungsarbeit als "untypische" Vertreter jener Objektgruppe zuzuordnen, zu der sie noch am ehesten zu passen scheinen. Bei einem insgesamt guten Material und einer guten Typologie werden viele dieser typologischen ad-hoc-Entscheidungen nach einer Ordnung der Tabelle mit Hilfe einer CA nicht weiter auffallen – weil es sich um gute Entscheidungen eines erfahrenen Materialbearbeiters handelte. Einige dieser ad-hoc-Entscheidungen werden jedoch später dank der CA wieder emporgespült: An der geordneten Tabelle fallen manche dieser Objekte als einzelne, weit von der Diagonale entfernt liegenden "Ausreißer" auf. Es ist wichtig, nach Erreichen einer ersten sinnvollen Ordnung der Tabelle all' diese "Ausreißer" Zeile für Zeile und Spalte für Spalte sorgfältig zu studieren und zu verifizieren. Oft handelte es sich um Einzelfälle, d.h. um tatsächlich ungewöhnliche Fundkombinationen. Nicht selten aber handelt es sich auch schlicht um Fehler oder eben um jene vereinzelten typologischen Entscheidungen, mit denen man als Bearbeiter von Anbeginn an nicht wirklich glücklich war und die sich nun als ungeeignet erweisen. Die anhand der CA geordnete Tabelle kann helfen, solche den Daten zu Grunde liegenden typologischen Entscheidungen noch einmal zu überdenken - aber eben vor allem anhand der Tabelle und weniger anhand der Streuungsdiagramme.

10 Zwei Beispiele von echten archäologischen Datensätzen

Bis hierhin haben wir aus guten Gründen mit künstlichen Datensätzen gearbeitet, die nach explizit formulierten Modellvorstellungen konstruiert worden waren. Nun wollen wir zwei etwas größere reale archäologische Datensätze anschauen, die der Literatur entnommen sind und an denen wertvolle Einsichten gewonnen werden können: zunächst der Datensatz Langweiler-2_Stehli-1973-p-91-fig49 und dann die Tabelle Schretzheim-beads_Koch-U-1977-table-4, womit in den Benennungen zugleich die Quellen dargelegt sind.

10.1 Stehli (1973): verzierte Keramik aus einer frühneolithischen Siedlung

Der erste Datensatz stammt aus der Analyse des Siedlungsplatzes Langweiler 2 im Rheinland, einem Fundplatz der sog. Linienbandkeramik (ca. 5.500 - 4.900 v. Chr.), der ältesten neolithischen Kultur in Westdeutschland (STEHLI 1973, 91 Abb. 49). Die Tabelle zeigt in den Zeilen als Untersuchungseinheiten ("geschlossene Funde") die Siedlungsgruben aus dieser Siedlung und in den Spalten als Typen (Namensschema a00) die charakteristischen Verzierungen der damals üblichen Feinkeramik. Das hier herangezogene Beispiel ist heute durch jüngere Arbeiten, die ein weitaus umfangreicheres Fundmaterial heranziehen konnten, überholt, aber nach meiner Kenntnis ist diese Studie von Stehli (1973) der erste Fall einer Anwendung der Seriation auf archäologisches Fundmaterial, bei der statt einer Anwesenheits-/Abwesenheitstabelle der Aspekt der Häufigkeit der Typen mitberechnet wurde. In der Originalpublikation wurden die Gruben als Ergebnis dieser Seriation in drei Perioden (1-3) unterteilt. In der hier verwendeten Tabelle sind diese Periodenziffern den betreffenden Bezeichnungen der Gruben vorangestellt.

Unser Datensatz ergibt nach Durchführung einer CA weitgehend jene Ordnung, welche Petar Stehli (1973) bereits aufgrund seiner Seriation erarbeitet hatte. Die Abfolge der von Stehli umrissenen drei Phasen 1 bis 3 wird im wesentlichen verifiziert. Im Detail allerdings unterscheidet sich das Ergebnis unserer CA von Stehlis Ergebnissen. Blicken wir zunächst auf das Streuungsdiagramm. Hier ist die erwartete Parabel weitaus weniger deutlich ausgeprägt als in den bisher verfolgten künstlichen Datensätzen. Dieses Bild hier entspricht nach meinen Erfahrungen gerade bei Siedlungs-material weitaus mehr der archäologischen Realität (z. B. SIEGMUND 2013, Abb. 2-3 u. 5). Man könnte das Streuungsdiagramm Achse 1 mit 2 als Hinweis darauf lesen, dass die Befunde 1-0485 und 2-0821 Typen unter-schiedlicher Zeitstellung vermischen und dass der Verzierungstyp a12 nicht sehr zeitsensibel ist, sondern eher ein Durchläufer. Doch dies sind nur erste Hinweise, die bei einer echten Studie nun anhand des archäologi-schen Materials eingehend untersucht und verifiziert oder falsifiziert wer-den müssten. Jedenfalls wird die Ordnung besser – in einem rein tech-nischen Sinn – wenn man versuchsweise die beiden genannten Inventare und den Verzierungstyp a12 aus dem Datensatz löscht. Versuchen Sie es (markieren, Edit, >> Remove...).

10.2 Koch (1977): frühmittelalterliche Perlenketten

Unser zweites Beispiel stammt aus der Monografie von Ursula Koch (1977), in der sie u. a. die Perlen und Perlenketten des frühmittelalter-lichen Gräberfeldes bei Schretzheim (ca. 530 - 665 n. Chr.) in Süd-deutschland untersucht. Solche Perlenketten sind ein häufiger Bestandteil der frühmittelalterlichen Frauentracht; sie wurden als Kette um den Hals getragen oder auch als Anhänger, z. B. am Gürtel. Als Beigaben an die Verstorbenen gelangten sie in deren Gräber. Koch hat damals die verzierten Perlen untersucht, sorgsam typisiert und dann die Kombination charakteristischer Typen in den als geschlossene Funde betrachteten Ketten untersucht. Ihre originale Tabelle (KOCH 1977, Taf. 4) führt die Typen in den Spalten auf und die Gräber resp. die Perlenketten in den Zeilen, die Zellen geben deren Häufigkeit an. Eine Kopie der gedruckten Tabelle ist in unseren Beispieldatensätzen in Form einer MS-Excel-Tabelle enthalten (9_Koch-U-1977-table-4_xls-format; vgl. KOCH 1977, Taf. 4); sie entspricht der publizierten Tafel und versucht, deren Druckbild weitgehend zu imitieren. In der damaligen Publikation war die Tabelle ohne Statistik allein durch eine händische Ordnung des Materials seitens U. Koch entstanden. Wie an einem mit Zahlen gefüllten Dreieck und einem leeren Dreieck der rechteckigen Tabelle deutlich sichtbar ist, folgt Koch einem speziellen Konzept von Chronologie: das jüngste Stück datiert die Kette resp. das Grab. Dies ist ein üblicher Ansatz z. B. auch in der Numismatik, wenn dort Horte resp. Münzschatzfunde untersucht werden. Wir werden auf den methodischen Aspekt im anschließenden Kap. 11 noch einmal zurückkommen. In unserer zum direkten Einlesen nach PAST vorbereiteten Fassung der Tabelle (7_Schretzheim-beads-Koch-1977-table-4) sind die Gräber resp. Perlenketten (Zeilen) in einer speziellen Weise kodiert: die erste Zahl gibt jene Phase der chronologischen Ordnung des Gräberfeldes an, die sich aus der aktuellen Chronologie des Gräberfeldes von Schretzheim ergibt (KOCH 2004), es folgt ein Bindestrich und dann die Grabnummer wie in der Originaltabelle (KOCH 1977, Taf. 4). Undatierte Gräber zeigen statt einer Zahl ein "x" als führendes Zeichen. Mit Hilfe dieser Kodierungstechnik können wir die Ergebnisse der CA schneller und einfacher mit der Datierung der Gräber vergleichen und erkennen, inwieweit die Ordnung nach der CA der zeitlichen Abfolge der Gräber entspricht.

Wenn man eine CA dieser Tabelle rechnet (was Sie jetzt tun sollten), wird schnell deutlich, dass die gewonnene Ordnung der Perlenketten recht gut mit den Datierungen der Grabinventare in Schretzheim übereinstimmt. Nur im Detail erkennt man kleine Unterschiede. Beginnen wir mit dem Befund, dass das Streuungsdiagramm Achse 1 mit 2 eine Parabel ergibt, die erheblich besser ausgeprägt ist als beim vorangehenden Beispiel. Mit inzwischen geübtem Blick erkennen wir in der Mitte des Parabelbogens einige Spezialfälle: Grab 6-258 und 7-420 und wohl auch den Perlentyp 33,15-16. Weil hier die Zeit fehlt, tiefer in die archäologische Diskussion dieses Befunds einzusteigen, wählen wir die schnelle einfache Lösung und löschen die betreffenden beiden Zeilen und die Spalte aus dem Datensatz (markieren, Edit, >> Remove). Berechnen Sie erneut eine CA und verglei-chen Sie die Ergebnisse. Die nun gewonnene Ordnung der Perlentypen spiegelt die Datierung der Schretzheimer Gräber besser als zuvor wider und würde eine gute Phasengliederung des verzierten Perlenmaterials in die Schretzheim-Phasen 5, 6 und 7 ermöglichen.

11 "Der jüngste Typ datiert den Komplex" - oder: was datiert die CA?

Wie oben erwähnt, folgen z. B. viele Numismatiker bei der Analyse von Münzschätzen dem Konzept "das jüngste Stück datiert den Komplex". Überträgt man dieses theoretische Modell in eine konkrete Tabelle, sollte sie ähnlich aussehen wie die zuvor besprochene Tabelle für die Perlenket-ten aus Schretzheim (KOCH 1977, Taf. 4): eine rechteckige Tabelle weist ein leeres Dreieck auf und ein mit Zahlen gefülltes Dreieck, wobei entlang der Diagonalen die Zahlen dichter liegen und im Idealfall dort auch die höheren Häufigkeiten angeordnet sind. Dieses Bild unterscheidet sich von einer Tabelle, die mit Hilfe einer CA geordnet wurde, weil bei einer CA die Häufigkeiten entlang der Diagonalen konzentriert sind, und zwar annä-hernd symmetrisch mit Zahlen oberhalb und unterhalb der Diagonalen. Das dahinter stehende Modell beinhaltet die Idee, dass die CA den mitt-leren Zeitpunkt der Grabinventare schätzt und den Mittelpunkt der Ver-wendungsspanne von Typen – und nicht ihr jüngstes Auftreten. Grabin-ventare (wie auch Siedlungsgruben) sind Ensembles von Typen: Manche

Stücke wird der Tote bereits in seiner Jugend erworben und lange benutzt haben, manche Stücke erst in höherem Alter, und manche Objekte mögen dem Toten eventuell erst zum Zeitpunkt der Bestattung ins Grab gegeben worden sein. Alle Objekte wurden bei der Beerdigung gemeinsam gleichzeitig deponiert, sie können zu diesem Zeitpunkt aber unterschiedlich alt gewesen sein. Die CA schätzt letztlich nicht den Zeitpunkt der Bestattung, sondern das wahrscheinliche mittlere Alter des gesamten Ensembles und entsprechend das wahrscheinliche mittlere Alter der Typen. Wenn Ihnen dieses Modell einleuchtet und zusagt, ist die CA für Sie die Methode der Wahl. Wem dieses Modell misshagt, sollte keine CA verwenden.

Möglicherweise stellt sich jetzt die Frage, welches multivariate Verfahren denn zu dem Modell "das jüngste Stück datiert den Komplex" passt. Fehlanzeige: es gibt kein passendes seriöses multivariates Verfahren für dieses Modell. Denkt man versuchsweise etwa an ein lineares multivariates Verfahren wie etwa eine Hauptkomponentenanalyse (PCA; Kap. 12.5), zeigt ein einschlägiger Versuch z. B. mit dem Datensatz zu den Perlen aus Schretzheim recht schnell, dass die daraus resultierende Ordnung die Chronologie der Gräber erheblich schlechter widerspiegelt als die CA. Machen Sie den Versuch, PAST enthält die nötigen Werkzeuge. Persönlich halte ich den Mangel an einem geeigneten Verfahren für verschmerzbar, denn aus meiner Sicht eignet sich das Modell "das jüngste Stück datiert den Komplex" nicht für archäologische Probleme.

12 Start in eigene Projekte

Nach Durcharbeiten dieser Kapitel sind Sie reif für den Start mit eigenen Fragestellungen und echten archäologischen Daten. Die folgenden Abschnitte möchten Ihnen den Start in ein eigenes Projekt mit ein paar Hinweisen und Ratschlägen erleichtern.

12.1 Datenvorbereitung, oder: wie sieht eigentlich die richtige Tabelle aus?

Diese Frage ist weniger seltsam als sie zunächst klingt. Normalerweise sind die Informationen in etwa in folgender Weise verfügbar: Grab 1 enthält ein Schwert vom Typ 1 und einen Schild vom Typ 44; Grab 2 enthält ein Schwert vom Typ 2 und einen Schild vom Typ 55. Wenn man solche Informationen in eine Tabelle umsetzt, könnte diese Tabelle in etwa wie folgt aussehen (**Abb. 17**):

	Sax	Schild
Grab 1	Typ 1	Typ 44
Grab 2	Typ 2	Typ 55

Abb. 17. Einfache Tabelle mit den im Text genannten Informationen zu den Typen in zwei Gräbern.

Aber diese Art einer Tabelle ist nicht geeignet für eine CA. Folglich müssen die Informationen in eine geeignete Darstellung übertragen werden (**Abb. 18**):

	Sax Typ 1	Sax Typ 2	Schild Typ 44	Schild Typ 55
Grab 1	1	0	1	0
Grab 2	0	1	0	1

Abb. 18. Gegenüber Abb. 17 veränderte Tabelle, die als Eingabe für eine CA geeignet ist.

In der veränderten Tabelle Abb. 18 steht jede Zeile für ein Grab und jede Spalte für einen Typ. Die Zellen der Tabelle zeigen die Häufigkeit, mit der ein Typ in einem Grab vorkommt, in unserem Fall jeweils eine Null oder eine Eins. Es ist wichtig, den Unterschied zwischen den beiden Tabellen Abb. 17 und 18 zu verstehen und die vorliegenden Daten im Sinne der Tabelle Abb. 18 aufzubereiten.

Symmetrische Tabellen / Burt-Tabellen

Es gibt eine weitere Art von Tabellen, die in der älteren archäologischen Literatur vorkommt, aber für eine CA nicht geeignet ist. Es handelt sich um quadratische symmetrische Tabellen, die in den Zeilen ebenso wie in den Spalten Typen zeigen und die in den Zellen ausweisen, wie oft dieser Typ in einem geschlossenen Fund mit einem anderen Typ kombiniert vorkommt. Bei derartigen Tabellen sind die Werte spiegelsymmetrisch um ihre Diagonale angeordnet, weshalb sie gelegentlich auch nur als Dreieck dargestellt werden. In der Diagonalen ist ausgewiesen, wie oft ein Typ mit sich selbst kombiniert vorkommt; gelegentlich wird auf diese Information auch verzichtet und die betreffenden Zellen bleiben leer. Heutzutage werden diese Tabellen in der statistischen Literatur als "Burt-Tabellen" bezeichnet. In den Beispieldatensätzen habe ich den Inhalt unserer Tabelle `1a_ideal-matrix-ordered` in eine solche Tabelle übertragen und als `8_Burt-table_from-ideal-matrix-1` abgelegt (**Abb. 19**). Soweit mir bekannt, geschah die erste Verwendung einer Burt-Tabelle in der Archäologie durch Heinz Gatermann (1942, 11 Abb. 1), der in seiner Dissertation die Verzierung von Keramik der Becherkulturen in Westdeutschland untersuchte und sie zusammenfassend in einer Tabelle dieser Art darstellte. Seine Studie inspirierte David L. Clarke (1970, 429 u. 469), solche Tabellen auch in seiner Arbeit über die becherzeitliche Keramik in Großbritannien und Irland einzusetzen. Weitere Beispiele dieser Tabellen in archäologischen Arbeiten finden sich z. B. bei Neuffer (1965) und Gebühr (1970).

Tabellen dieser Art sollten nicht mit einer CA analysiert werden, denn obwohl dies rein technisch möglich ist, wären die Ergebnisse nicht korrekt. Greenacre (2007, 137-152) erläutert die statistischen Probleme eines solchen Vorgehens ausführlich und skizziert eine mögliche Lösung, die er *Joint Correspondence Analysis* (JCA) nennt. Aber eine JCA erfordert andere Berechnungswege (Dieses Verfahren ist im Methodenspektrum von PAST nicht enthalten). Auch von einem archäologischen Standpunkt aus gesehen spricht manches gegen die Verwendung dieser Tabellen, weil die zu Grunde liegenden Informationen in ihnen nicht mehr sichtbar sind: nämlich die konkreten Fundkombination in den Gräbern. Arbeitet man wie oben beschrieben an den Daten und möchte z. B. Typisierungen über- arbeiten oder ungeeignete Gräber resp. Typen aus der Tabelle entfernen, ist dies ein recht komplizierter Prozess. Obwohl die JCA einen Ausweg böte und solche Tabellen berechenbar machen würde, empfehle ich daher sehr, von der Verwendung von Burt-Tabellen abzusehen.

	type-A	type-B	type-C	type-D	type-E	type-F	type-G	type-H	type-I	type-K
type-A	• 2	2	1	0	0	0	0	0	0	0
type-B	• 2	3	2	1	0	0	0	0	0	0
type-C	• 1	2	3	2	1	0	0	0	0	0
type-D	• 0	1	2	3	2	1	0	0	0	0
type-E	• 0	0	1	2	3	2	1	0	0	0
type-F	• 0	0	0	1	2	3	2	1	0	0
type-G	• 0	0	0	0	1	2	3	2	1	0
type-H	• 0	0	0	0	0	1	2	3	2	1
type-I	• 0	0	0	0	0	0	1	2	3	2
type-K	• 0	0	0	0	0	0	0	1	2	2

Abb. 19. Die Daten aus der idealen Tabelle (Abb. 3), umgewandelt in eine "Burt-Tabelle", die nicht als Eingabe für eine CA geeignet ist.

12.2 Man braucht gutes Material, eine gute Fragestellung und eine geeignete Prüfhypothese

"Um eine sichere Chronologie für die vorgeschichtlichen Zeiten zu erhalten, muss man ein grosses Material und eine gute Methode haben" schrieb Oscar Montelius 1903 in seinem wichtigen Buch "Die Methode" (MONTELIUS 1903, 2; Hervorhebungen durch Montelius). Und mit Methode meinte er – das geht aus seinen anschließenden Ausführungen hervor – insbesondere die Berücksichtigung seiner Forderung nach dem geschlosse- nen Fund und eine gute Typologie. Montelius Aussage ist weiterhin gültig. Heute würde ich allerdings spezifizieren: Die Gliederung des Fundmaterials durch eine Typologie muss der spezifischen Fragestellung angemessen sein. Geht es um Chronologie, sollten die Typen im Hinblick auf die Zeit empfindlich sein. Geht es um andere Fragen wie z. B. den sozialen Status, sollte eine Typologie für eben diesen Aspekt optimiert sein. Daher gibt es nicht die eine gute und wahre Gliederung für ein Fundmaterial, sondern jeweils mehrere mögliche geeignete Typologien – jeweils optimiert für eine spezielle Fragestellung. Eine Fibel beispielsweise wird man nach ihrem Stil klassifizieren, wenn es um die Chronologie geht; geht es um eine soziale Fragestellung, könnte ihre Klassifikation nach dem Material (Bronze, Silber, Gold) oder dem Gewicht weitaus zielführender sein; geht es hingegen um das soziale Geschlecht, wird man Fibeln möglicherweise nach ihrer Anzahl und ihrer Trachtlage klassifizieren. Eine CA z. B. mit chronologischer Fragestellung kann nur dann erfolgreich sein, wenn die zu Grunde liegende Typologie angemessen ist. Während des Arbeitens mit einer CA wird man möglicherweise versuchen, die Typologie weiter gemäß der Fragestellung zu optimieren. Kurz: Wesentliche Teile des Erfolgs einer Studie hängen weniger von den statistischen Berechnungen ab, als vielmehr von der Archäologie und den Arbeiten im Vorfeld der CA, und damit insbesondere von der Typologie.

Mit zu wenig Material wird man ambitionierte Ziele nicht erreichen können. Die Frage, "Wie viel Material braucht man denn?" wird sich kaum allgemeingültig beantworten lassen. Aber die CA kann helfen, sich einer Antwort zu nähern. Wie? Indem man die Stabilität von Ergebnissen beobachtet. Wann immer ein reales Projekt durchgeführt wird, wird man nach der ersten Eingabe Schritt für Schritt versuchen, die Ergebnisse zu optimieren. Dies ist ein wichtiger Teil der meisten Projekte, auch wenn er in den späteren Publikationen leider selten beschrieben wird. Bei einer CA wird man nach Bereinigung der unvermeidlichen Eingabefehler und ersten weiteren Optimierungen irgendwann – so hoffe ich – in einen Zustand geraten, in dem wohlüberlegte weitere Detailverbesserungen das Gesamtergebnis nur mehr kaum verändern. Es gibt keinen Grund für einen Bearbeiter, dann ob der Fruchtlosigkeit seiner Bemühungen enttäuscht zu sein. Vielmehr sollte man sich freuen und Vertrauen in die eigenen Ergeb-

nisse fassen: Das Stadium der Stabilität ist erreicht. Fügt man dann beispielsweise noch neues Material hinzu, z. B. aus einem soeben erst er-
schienenen Aufsatz, wird es in die Tabelle eingeordnet, aber die Tabelle
insgesamt bleibt in etwa so, wie sie schon vordem war. Wenn eine Analyse dieses Stadium erreicht hat, ist sie stabil, und Ihr Material ist umfangreich genug.

Was tun, wenn man das Material nicht z. B. durch Neufunde erweitern kann, um wie beschrieben die Stabilität einer vorliegenden CA zu
testen? Nun, man kann den umgekehrten Weg gehen: nämlich experimentell einzelne Befunde oder Typen aus dem analysierten Datenkörper
löschen und schauen, zu welchen Ergebnissen das führt. Wenn der Effekt
auf das Gesamtergebnis gering ist, ist das Stadium der Stabilität erreicht
und das Material hinreichend umfangreich. Dieses Konzept mag auf den
ersten Blick handgestrickt erscheinen, aber das ist ein Irrtum. Im Gegen-
teil, in der Statistik wird Vergleichbares systematisch durchgeführt; man
nennt diese Verfahren *jack-knifing & bootstrapping* (EFRON & TIBSHIRANI
1993; CHERNICK 1999; GOOD 2013). Jack-Knifing meint, einzelne Fälle
(Gräber oder Typen) aus einem Datensatz zu löschen, Bootstrapping
meint, dies wiederholt und systematisch zu tun und die Ergebnisse nach
jedem Schritt zu beobachten. Man lösche Fall Nr. 1 aus dem Datensatz,
führe die Analyse durch und protokolliere das Ergebnis. Anschließend füge
man Fall Nr. 1 wieder in den Datensatz ein und lösche statt dessen Fall
Nr. 2, führe die Analyse durch und protokolliere das Ergebnis. Und so
weiter, bis der komplette Datensatz durchgetauscht ist. Am Ende kann
man alle Ergebnisse aus allen Schritten miteinander vergleichen und
sehen, ob sie ähnlich zueinander ausfallen, d. h. insgesamt stabil sind.
Dabei kann es interessant sein zu beobachten, ob das Herausnehmen
einzelner Fälle das Ergebnis mehr als üblich beeinflusst – was dann auch
vom archäologischen Standpunkt her zu bewerten wäre. Man könnte
daran z. B. schwache Punkte in der Datentabelle identifizieren wie etwa
einzelne unscharf definierte Typen, problematische Inventare (z. B. mit
Verdacht auf Vermischung). Aber es kann auch sein, dass einzelne Inven-

tare eben einflussreicher sind als üblich, ohne dass dies ein archäologischer Fehler wäre.

Das hier Vorgestellte systematisch zu tun, d. h. Grab für Grab und Typ für Typ durchzuspielen, kann ohne Automatisierung Wochen Ihrer kostbaren Zeit verbrauchen! Aber es gibt Wege, diese Prozesse zu automatisieren. Wer in diese Richtung plant, sollte jedoch PAST auf die Seite legen und sich ernsthaft mit "R" auseinander setzen, um entsprechende Skripte zu schreiben, die das Löschen und Wiedereinfügen automatisch durchführen und vor allem den Vergleich der Resultate vornehmen (GOOD 2013).

Auch wenn man diesen (sehr) aufwändigen systematischen Weg nicht geht, möchte ich dazu ermuntern, mit einem gereiften Datensatz eine kurze Zeit lang in diesem Sinne zu "spielen", d. h. zu experimentieren, um zumindest einen subjektiven Eindruck von der Stabilität oder gegebenenfalls auch von der Instabilität der Ergebnisse zu gewinnen.

Prüfhypothesen

Doch so schön ein statistisch gutes und stabiles Ergebnis auch sein mag: Letztlich ist vor allem die archäologische Validierung der Ergebnisse entscheidend. Daher benötigt man schon am Beginn eines Projekts Prüfhypothesen, d. h. externe Hypothesen, an denen man die Qualität der Ergebnisse einer CA prüfen kann. Im Falle einer chronologischen Fragestellung könnten dies z. B. bewährte bisherige Chronologien zum bearbeiteten Material sein, an deren Verfeinerung Sie nun gerade arbeiten, oder eine Chronologie in einem unmittelbar angrenzenden Nachbargebiet. Es könnten aber auch einzelne stratigrafische Beobachtungen sein oder externe Daten, wie sie sich etwa aus ^{14}C-Daten oder der Dendrochronologie ergeben. Bei meiner Arbeit an der Chronologie der Merowingerzeit am Niederrhein (SIEGMUND 1998) waren es die vor der CA unternommenen chorologischen (belegungschronologischen) Analysen geeigneter Gräberfelder, die als Prüfhypothese verwendet werden konnten. Man benötigt solche externen Informationen keinesfalls für alle Gräber und Typen einer Tabelle, sondern nur für eine kleine Untermenge. Aber man sollte solche

Prüfhypothesen entwickeln, denn man benötigt sie auch während des Arbeitsprozesses mit einer CA, um verschiedene Versuche miteinander vergleichen und bewerten zu können. Ich empfehle sehr, sich gleich zu Beginn einer Analyse systematisch Gedanken über solche Prüfhypothesen zu machen und dies auch in der späteren Publikation offen zu legen.

Wenn man an größeren Tabellen und Streuungsdiagrammen arbeitet, ist es sehr nützlich, vorhandene Prüfhypothesen und externe Informationen schnell sehen zu können. Ich empfehle, die Benennung der Gräber und Typen entsprechend dieses Bedürfnisses vorzunehmen bzw. zu modifizieren, z. B. indem man spezielle Zeichen in die Namen aufnimmt – beispielsweise so, wie es hier in den Datensätzen 6_Langweiler-2_Stehli-1973-p91-fig49 und 7_Schretzheim-beads_Koch-U-1977-table-4 geschehen ist, wo die bereits bestehende Chronologie als erste Ziffer dem Befund- bzw. Grabnamen vorangestellt ist. Auf diese Weise kann man unmittelbar erkennen, wie die von der aktuellen CA gewonnenen Ergebnisse mit den älteren Studien zusammenpassen.

PAST enthält eine Option, die hilfreich sein kann, mit Prüfhypothesen zu operieren. Man kann in einem Datensatz eine "Gruppierungsvariable" definieren. Sie wird bei der Berechnung einer CA mathematisch nicht berücksichtigt, kann aber in das Bild der Streuungsdiagramme eingespielt werden. Wer neugierig ist, möge es selbst versuchen; hier sei nur der Weg skizziert: Eine neue Spalte hinzufügen; bei Show die Column attributes aufrufen; dort unter Name die Spalte angemessen benennen und bei Type (Voreinstellung "-") aus dem Menü Group auswählen, vor dem Variablennamen sollte danach ein blaues "G" erscheinen. Dann die CA für die Daten inkl. dieser Gruppierungsvariable berechnen. Im Fenster Correspondence analysis in der rechten Leiste unten das Häkchen bei Group labels einschalten: Die Gruppierungsvariable wird in roter Schrift eingeblendet, entsprechend des Schwerpunktes, den die Vertreter dieser Gruppe bei der CA gemeinsam gewonnen haben.

In der Software WinBASP sind die Möglichkeiten, Prüfhypothesen in den Ergebnisausgaben zu markieren, noch vielfältiger und flexibler – ein weiterer Grund, weshalb man bei großen Projekten den Einsatz dieses Programms erwägen sollte.

12.3 Welche Eingriffe sind erlaubt, was sollte man nicht tun? Einige praktische Hinweise

Keine Datentabelle und keine CA ist gleich beim ersten Ansatz fertig. In den meisten Fällen fußt das später publizierte Ergebnis auf einem längeren Arbeitsprozess mit vielen Experimenten der Art "Versuch und Irrtum" (*trial & error*). Was kann und darf man tun, und was würde gegen die Regeln guter wissenschaftlicher Praxis verstoßen? Es ist nicht korrekt, nach Durchführung einer CA die anhand der CA geordnete Tabelle manuell nachzuordnen, um einzelne Typen oder Inventare dahin zu schieben, wohin sie aus Sicht des Bearbeiters "eigentlich" gehören. Es ist nicht korrekt, mit dem gleichen Ziel einzelne "störende" Objekte aus einzelnen Inventaren zu löschen. Aber man kann Typen in Gänze wieder aus der Analyse herausnehmen und man kann auch ganze Inventare wieder aus einer Analyse herausnehmen. Gut wäre es, wenn man dafür zuvor Regeln umrissen hat, die man auch vertreten kann und publiziert. So hat man z. B. manchmal bei Fundensembles den Verdacht, sie könnten durch Verwechslungen oder Vermischungen in einem Museumsmagazin beeinträchtigt sein, wie es beispielsweise bei Perlenketten schon vorgekommen sein soll. In solchen Fällen kann eine insgesamt bereits einigermassen stabile CA Hinweise darauf geben, ob ein bereits unter solchem Verdacht stehendes Inventar tatsächlich vermischt ist; wird der Verdacht dann via CA erhärtet, ist es richtig, es aus der weiteren Analyse auszuschließen. Ähnlich kann bei z. B. Siedlungsgruben bereits auf der Grabung der Verdacht entstanden sein, dass man möglicherweise zwei Befunde nicht hat trennen können. Auch hier wäre es berechtigt, einen solchen Befund nach einem via CA bestätigten Vermischungsverdacht aus der weiteren Analyse auszuschließen. Über "Langläufer" hatten wir schon im Kap. 9.1 gesprochen: Typen, die zwar wohl definiert, aber in Bezug auf die Fragestellung zu unsensibel sind. Solche Typen können ohne weiteres aus einer Analyse ausgeschlossen werden. Hilfreich ist es, wenn man hierfür vorab Kriterien definiert hat, damit das gesamte Material diesbezüglich gleich behandelt wird.

Es ist manchmal schwierig und langwierig, via Versuch und Irrtum den geeigneten Datensatz für die endgültigen Ergebnisse herauszudestillieren. Sind die Typen sehr spezifisch und chronologisch eng umrissen, könnten sich zu wenige Fundkombinationen ergeben. Integriert man zu viele unspezifische Typen in einen Datensatz, mehrt man zwar die Anzahl der Fundkombinationen, verschleiert aber möglicherweise die Feinchronologie. Es gibt keine festen Regeln für das Vorgehen. Hilfreich sind: explizite Prüfhypothesen, gezielte Versuche und ausformulierte Wege und Kriterien für das Vorgehen.

Ein weiteres Caveat ist angebracht: Man kann recht viel Zeit mit den Versuchen einer Optimierung verbringen. Es ist lohnend, beizeiten zufrieden zu sein und die Arbeit an der CA zu beenden. Möglicherweise hilft es, bereits vor Beginn einer Analyse Kriterien festzulegen, wann man mit dem weiteren Optimieren aufhören möchte. Die oben in Kap. 12.2 behandelten Themen *Erreichen der Stabilität* und *Prüfhypothese* können dabei hilfreich sein.

Was kann man tun, wenn Teile der Tabelle zu wenige Fundkombinationen aufweisen, also zu gering miteinander verbunden sind (Kap. 9.3)? Man kann versuchen, zusätzlich externes Material in die Tabelle aufzunehmen, beispielsweise publiziertes Fundmaterial von nahegelegenen Fundorten. Man kann die eigene Typologie kritisch überdenken: Vielleicht ist sie zu empfindlich und führt zu allzu feingliedrigen und daher kleinen Gruppen? Bei komplexen Fundgattungen kann man erwägen, einzelne Typen in Merkmalsgruppen aufzulösen und dann statt der Typen mit den Merkmalen weiter zu arbeiten. So kann man beispielsweise im Frühmittelalter statt kompletter Typen von Gürtelschnallen diese auch einmal nach ihrer Form klassifizieren und einmal nach ihrer Verzierung und anschließend mit den Typen der Gürtelformen und jenen der Gürtelverzierung eine Analyse durchführen. Solch ein Ansatz kann helfen, dünn besetzte Schwachstellen in einer Tabelle zu überbrücken.

Manchmal ist es hilfreich, die Regel "jedes Inventar enthält mindestens zwei Typen und jeder Typ ist in mindestens zwei Befunden vertreten" (Kap. 9.3) zu verschärfen und diese Schranke auf drei oder vier hochzusetzen (so z. B. bei SIEGMUND 2013). Gerade bei der Analyse von Siedlungsmaterial kann dies helfen, Singularitäten aus dem Datensatz zu entfernen.

Andererseits kann es sinnvoll sein, allzu umfangreiche Komplexe aus einer Analyse auszuschließen. Wenn beispielsweise in einem großen Komplex von Siedlungsgruben üblicherweise z. B. drei bis zehn typisierte Funde pro Inventar vorkommen, dürfte ein Inventar mit z. B. 100 typisierten Funden zu Recht unter dem Verdacht stehen, ein ungewöhnlich lange offen liegender "Materialsammler" zu sein, dessen Inventar chronologisch unspezifisch ist. Man kann diese Frage nach dem üblichen Umfang der bearbeiteten Inventaren bereits vor der CA angehen und klären, wo eine solche Maximalschranke begründet gesetzt sollte.

Bei einem realen Projekt, bei dem man erwartungsgemäß eine gewisse Zeit lang intensiv an einer Tabelle arbeiten wird, stellt sich am Beginn oft die Frage, wie man beginnen soll: mit dem Gesamtmaterial, um dann via Versuch und Irrtum sukzessive einzelne weniger taugliche Typen und Befunde wieder herauszunehmen – oder umgekehrt mit einem sicheren Kern, den man anschließend in sukzessiven Versuchen erweitert. Eine eindeutige Antwort auf diese Frage gibt es nicht. In der beratenden Beobachtung verschiedener Projekte meine ich wahrgenommen zu haben, dass es für sich unsicher fühlende Anfänger leichter sein könnte, mit einem sicheren Kern zu starten und diesen allmählich zu erweitern, während es für erfahrene Bearbeiter effizienter ist, mit dem Gesamtkomplex zu beginnen, um diesen dann so weit als nötig zu lichten. Eine gute Selbstprüfung kann es sein, sein Vorgehen vorab schriftlich zu fixieren mit dem Ziel, diesen Arbeitsplan oder auch Versuchsaufbau später zum Teil der Publikation zu machen. Denn beim Schreiben zeigt sich schnell, inwieweit diese ersten Ideen zum Vorgehen auch Dritten gegenüber als gut vertretbar erscheinen – wie etwa die Frage, was warum als sicherer Kern für den Start des Verfahrens herangezogen wurde. Dabei geht es nicht um einzelne Typen oder Befunde, sondern um die explizite Darlegung des Vorgehens insgesamt und der Kriterien und Regeln, denen man dabei folgen möchte. Kann man die Auswahl eines Kernmaterials gut begründen? Oder kann man alternativ vorab gut darlegen, nach welchen Kriterien man Typen oder Befunde nach einem Start mit dem Gesamtmaterial wieder aus der Analyse ausschließen möchte? Wer versucht, diese Pläne vorab niederzuschreiben, findet erfahrungsgemäß schnell den für sich richtigen Weg, den er beschreiten möchte.

12.4 Der Eckeffekt, und wie man damit umgehen kann

Erfahrungsgemäß ist die Ordnung einer Tabelle an ihren Rändern nicht optimal. Bisweilen steht gerade am Anfang und am Ende einer chronologischen Sequenz nur vergleichsweise wenig Material zur Verfügung, so dass die Belegdichte dort erheblich geringer ist als im Mittelbereich einer Tabelle. Doch selbst dann, wenn dieser Effekt weniger gravierend ist, fällt die Ordnung an den Rändern bisweilen unbefriedigend aus. Dies dürfte auch damit zusammenhängen, dass einige der "frühen" resp. "späten" Typen in der historischen Wirklichkeit ebenfalls mit noch älterem resp. noch jüngerem Material kombiniert waren, genau diese Fundkombinationen aber nicht mehr in der vorliegenden Tabelle vertreten sind – eben weil sie jenseits ihrer Ränder liegen. Für das statistische Herausfinden ihrer historisch wahren chronologischen Anordnung mit Hilfe der CA fehlen diese Komplexe und Typen jenseits der Ränder der Tabelle, so dass die Positionierung der in der Tabelle enthaltenen randlichen Komplexe und Typen nur durch jene Typen und Komplexe gesteuert werden, die innerhalb der Tabelle liegen, d. h. die letztlich in Richtung auf die

Tabellenmitte "ziehen". Was kann man tun? In vielen Fällen ist es sinnvoll, die Tatsache einer tendenziell schwächeren Ordnung in den Rand-
bereichen einer Tabelle schlicht zu akzeptieren. Doch was kann man
unternehmen, wenn genau diese Bereiche für die verfolgte historische
Fragestellung besonders wichtig sind? Einfache Antwort: Die Ränder nach
außen verschieben. Durch das gezielte Hinzufügen weiteren Materials
unmittelbar jenseits der aktuellen Ränder, z. B. durch das Hineinnehmen
weiterer, noch älterer resp. noch jüngerer Komplexe aus benachbarten
Siedlungen oder Gräberfeldern, kann man versuchen, den im Interesse
liegenden Bereich vom Rand mehr in die wohlgeordnete Zone der Tabelle
zu verlagern, so dass der Eckeffekt nun eher auf das neu hinzugefügte
Material wirkt. Das geht nicht immer, aber durch den Hinweis hier ist
zumindest die Frage angestoßen, darüber nachzudenken.

12.5 Über Detrending, Gewichten und Kanonische Korrespondenz-analyse

Der bisherige Text galt der weithin üblichen normalen CA, so wie sie
in vielen archäologischen Projekten zu guten Ergebnissen geführt hat.
Bisweilen werden spezielle Eingriffe in die gewöhnliche CA vorgenommen
oder Varianten derselben resp. verwandte Verfahren angewendet. Bei den
üblichen Fragestellungen und Daten sind solche speziellen Lösungen nicht
notwendig, und ich rate sehr dazu, nur zögernd in deren Anwendung
einzutreten und dann sehr gute Gründe dafür zu haben. Um aber Lesern,
die eventuell bereits interessant klingende Stichworte aufgelesen haben
oder die vorliegende Publikationen besser verstehen wollen, Orientierung
zu geben, werden hier einige häufiger verwendete Schlagworte und Verfahren kurz erläutert. Nur in Spezialfällen ist deren Anwendung tatsächlich
gewinnbringend.

Detrending

Die wesentliche Bedeutung dieses Begriffs wurde bereits erläutert
(Kap. 8.5), das Verfahren nennt man *Detrended Correspondence Analysis*
(DCA), und es ist eine Variante der CA. Beim Detrending wird nach Durch-

führung einer CA die Parabel – eine quadratische Funktion – aus den Achsen 1 und 2 herausgerechnet. Ziel ist es, sowohl auf der Strecke von Achse 1 als auch auf Achse 2 zu genauer bemessenen Abständen zwischen den Zeilen- und Spaltenwerten zu gelangen. Die Anwendung einer DCA ist dann sinnvoll, wenn die Eigenwerte der CA tatsächlich als lineare Skala benutzt werden sollen, etwa zum Schätzen der kalendarischen Zeit oder ähnlichem. Ein anderer Grund für die Anwendung einer DCA ist das Bedürfnis, besser mit Achse 2 arbeiten zu können, die – zumindest in der Theorie – nach einem Detrending besser interpretierbar sein sollte. Immer wenn Ziele der skizzierten Art ins Auge gefasst werden, kann eine DCA sinnvoll sein. Jedoch bleibt aus meiner Sicht die CA das Standardverfahren der Wahl.

Gewichtungen

Archäologen fragen erfahrungsgemäß gerne nach der Option von Gewichtungen, um ihre archäologische Erfahrung mit dem Fundgut in eine CA einzubringen. Denn "schließlich weiß man ja", dass bestimmte Gattungen und Typen für eine Chronologie wichtiger sind als andere und möchte dieses Wissen via Gewichtung in die CA einbetten. Der Wunsch erscheint nachvollziehbar und aus statistischer Sicht spricht wenig gegen seine Umsetzung. Die Softwarelösungen WinBASP und CAPCA beispielsweise bieten komfortable Funktionen für solche Gewichtungen. Aber... wirklich begeistert ist der Verfasser vom Gewichten nicht. Jedenfalls sollte das Gewichten von Typen sehr eindeutige und einfache Regeln verfolgen, und es sollten jeweils gute Gründe bestehen, in dieser Weise in eine CA einzugreifen. Solche Eingriffe in die CA müssen in der späteren Publikation benannt werden und die verfolgten Regeln sollten transparent offen gelegt sein. Ein guter Grund wäre z. B. das in Kap. 12.3 erwogene Aufteilen einzelner Objekte (Typen) zu zwei Merkmalsgruppen (einmal Form, einmal Verzierung), womit ein Objekt eine quasi doppelte Präsenz im Datensatz gewönne. Wem dies nicht richtig erscheint, der könnte die beiden Merkmalsgruppen jeweils mit 0.5 gewichten und dadurch deren doppelte Präsenz zurücknehmen. Ein anderes Beispiel ergibt sich aus dem unterschiedlichen Merkmalsreichtum von Objekten. Verzierte Perlen und verzierte Keramik könnte man als prägnantere Aussage aus der Vergangenheit wahrnehmen, einfache unverzierte Perlen oder unverzierte Keramik als unkonkretere Typen, die man nicht mit elaborierten Objekten gleichstellen möchte. Auch hier könnte eine Gewichtung eingebracht werden. Meine persönlichen Erfahrungen mit diesem Thema sind: Gewichten kann sinnvoll sein, aber es führt dazu, dass Tabellen tendenziell weniger transparent lesbar werden, und der Effekt auf die Ergebnisse ist zumeist geringer als zunächst erwartet oder auch erhofft. Mein Rat: halten Sie die Dinge so einfach wie möglich und Gewichten Sie nur in Ausnahmefällen.

Viele Archäologen übersehen, dass die CA bereits verfahrensbedingt Gewichtungen vornimmt. Die im Hintergrund jeder CA stehende Chi-Quadrat-Metrik führt dazu, dass ein einzelner Vertreter eines seltenen Typs mehr Einfluss auf das Ergebnis hat als ein einzelner Vertreter eines häufigen Typs, und ebenso ein einzelnes Objekt in einem Inventar mit insgesamt zwei Objekten mehr Bedeutung hat als ein einzelnes Objekt in einem umfangreichen Inventar. Diese Eigenschaft der CA wurde beispielsweise in der Ökologie kritisiert und deshalb wurden andere Maße für die Ähnlichkeit resp. Entfernung der Typen und Befunde vorgeschlagen, welche für ökologische Fragestellungen besser geeignet sein sollen (LEGENDRE & GALLAGHER 2001). In der Archäologie jedoch erscheint mir gerade diese verfahrensimmanente Gewichtung der CA unseren Vorstellungen und Bedürfnissen angemessen: Merkmalsreiche, scharf definierte Typen werden tendenziell selten sein, aber für eine Chronologie sind sie besonders nützlich, während mehrmalsarme Typen möglicherweise auch häufiger und chronologisch weniger sensibel sind. Insofern passt die einer CA innewohnende Metrik bestens zu den Vorstellungen von Archäologen über die Bedeutung (Gewichtung) ihrer Typen und Gräber.

Kanonische Korrespondenzanalyse

Die Kanonische Korrespondenzanalyse (CCA) unterscheidet sich deutlich von der CA. Ihr Ziel ist es, eine gegebene Tabelle unter Annahme des unimodalen Modells zu ordnen, aber zunächst so, dass eine (oder mehrere) vorgegebene "kanonische" Variable optimal nachvollzogen wird. Erst nach Erreichen dieser ersten, "kanonischen" Ordnung entlang der vorgegebenen Variablen werden weitere, "freie" Achsen extrahiert, die den Achsen einer CA ähnlich sind. Sofern also ein unimodales Modell angenommen werden kann und für viele Fälle eine geeignete kanonische Variable vorliegt, kann die Anwendung einer CCA sinnvoll sein. Beispiele? Frühmittelalterliche Grabinventare zeigen einen starken Unterschied nach dem sozialen Geschlecht der Bestatteten, er ist stärker als die zeitbedingten Unterschiede. Üblicherweise wird daher für die Frauen- und Männergräber getrennt je eine CA berechnet – da die Nicht-Kombination von Objekten eben auf großen Zeitunterschieden zwischen den Inventaren beruhen kann, oder eben auf dem Geschlechtsunterschied zwischen zeitgleichen Inventaren, also mehrdeutig ist. In dieser Lage könnte man alternativ zum gängigen Vorgehen erwägen, einen gemeinsamen Datensatz per CCA zu analysieren, in dem das soziale Geschlecht als kanonische Variable gesetzt ist, damit dann als erste freie Achse die beiden Geschlechtern gemeinsame Dimension Zeit gewonnen wird. Eine feine Idee. Die diesbezüglichen Versuche des Verfasser sind indes gescheitert, die gewonnene Ordnung war nicht hinreichend gut und den beiden geschlechtsspezifisch getrennt gerechneten CA deutlich unterlegen.

Ein weiterer und interessanter Anwendungsfall für eine CCA sind Pollenspektren aus Bohrprofilen resp. langen Stratigrafien. Hier kann man die Probentiefe als kanonische Achse setzen und gewinnt eine Ordnung der Pollenspektren entlang der Stratigrafie. Einige weitere Anwendungsbeispiele finden sich z. B. bei Müller & Zimmermann (1997). Insgesamt ist die CCA kein Standardverfahren in der Archäologie, kann aber in wohlüberlegten Spezialfällen eine nützliche Alternative zur CA sein.

Redundanzanalyse

Nachdem wir zuvor die CCA verstanden haben, ist die Redund-anzanalyse (RDA) schnell erklärt: RDA ist CCA bei linearem Modell (JONG-MAN, TER BRAAK & VAN TONGEREN 1995). Bei einer RDA wird ebenfalls zu-nächst versucht, eine Datentabelle entlang einer (oder mehrerer) kano-nischen Variablen optimal zu ordnen, um anschließend weitere freie Achsen zu extrahieren. Anders als die CCA geht eine RDA jedoch vom Vorliegen eines linearen Modells aus.

Der Autor hat eine RDA in zwei unterschiedlichen Situationen auf archäologisches Material angewendet. Einmal bei zu ordnenden Ensembles von Steinartefakten, bei denen ich entlang der kanonischen Achsen ein lineares Verhalten erwartete (SIEGMUND 1991), wobei als Ordnung zunächst weniger die Dimension Zeit, sondern mehr funktionale Faktoren und Umweltbedingungen erwartet waren. In einem weiteren Fall mit chronolo-gischer Fragestellung auf Funde aus Schichten einer recht kurzen stratigra-phischen Sequenz (SIEGMUND 1994); hier war zwar generell ein unimodales Verhalten zu erwarten, wovon angesichts der Kürze der in der Schichten-folge enthaltenen Zeit jedoch nur das Vorliegen einer Hälfte der jeweiligen Glockenkurve vermutet wurde, und dazu wiederum passt mehr das lineare Modell der RDA. So darf die RDA insgesamt für die Archäologie als eher exotisches Verfahren bewertet werden, das nur in seltenen Ausnahmefäl-len greift.

Lineares Modell: Hauptkomponentenanalyse (PCA)

Die Hauptkomponentenanalyse (PCA) ist die einfachste Variante einer Faktorenanalyse und das Pendent zu einer CA, jedoch bei Annahme eines linearen Modells. Ähnlich wie bei einer CA werden mehrere von-einander unabhängige Achsen – hier Komponenten genannt – aus dem Datenkörper extrahiert, welche in absteigender Bedeutung die grundle-genden Strukturen hinter den beobachteten Daten aufdecken sollen. Wer an Stelle langer theoretischer Ausführungen schnell experimentell nach-vollziehen möchte, was geschieht, wenn in der Frage unimodales Modell oder lineares Modell (d. h. CA oder PCA) eine unangemessene Entscheidung getroffen wird, kann dies dank PAST mit Hilfe einer PCA recht schnell ausprobieren. Unser Datensatz `1b_ideal-matrix-unordered` ist nach dem unimodalen Modell konstruiert und kann mit einer CA bestens geordnet werden (Kap. 7). Führen wir eine PCA mit diesem Datensatz durch und prüfen die resultierende Ordnung. Man starte PAST, lade den Datensatz `1b_ideal-matrix-unordered`, markiere die ganze Tabelle als ausgewählt, >> `Multivariate`, >> `Ordination`, >> `Principal component (PCA)`. Im neu aufklappenden Fenster `Principal component analysis` klicke man auf den Reiter `Scatter plot` und studiere das Bild. Entlang der dominanten Achse (waagerecht, `Component 1`) lautet die Ordnung der Gräber von links nach rechts: 3, 2, 4, 1, 5, 6, 10, 7, 9, 8. Es liegt also im Vergleich zu unseren Erwartungen eine erhebliche Unordnung vor, was im übrigen auch für die Typen gilt und auch dann, wenn wir die zweitwichtigste Achse (senkrecht, `Component 2`) studieren. Bildlich erklärt: wenn man die Daten einer Glockenkurve nach dem linearen Modell untersucht, wird diese im Grunde in der Mitte gefaltet, beide Extreme (Anfang und Ende) bilden gemeinsam das eine Ende der PCA-Achsen, das Maximum der Glockenkurve das andere Ende: Chronologie-Chaos statt Ordnung. Aber auch andersherum wird ein Schuh draus: Daten, die tatsächlich dem linearen Modell folgen, sollten nicht mit einer CA untersucht werden. Wer sich nun vertiefend mit der Hauptkomponentenanalyse (PCA) resp. der Familie der Faktorenanalysen beschäftigen möchte, sei auf gute Einführungen in die multivariate Statistik verwiesen (z. B. HARTUNG & ELPELT 2007; HAIR, BLACK, BABIN & ANDERSON 2010).

13 Übernehmen der Ergebnisse einer vorliegenden CA

In manchen Fällen möchte man die Ergebnisse einer anderweitig existierenden CA nur auf das eigene Material übertragen. Ein üblicher Grund dafür ist beispielsweise der Eindruck, dass das eigene Material für eine eigenständige Analyse in zu geringer Zahl vorliegt und in dem hinzugezogenen Referenzwerk die CA wiederum gut begründet und durchgeführt ist. Wie geht man in solchen Fällen vor? Es gibt drei unterschiedliche gute Optionen:

(1) Man hält es einfach und geht ohne Statistik vor. Man liest die Referenzstudie, analysiert die Phasenbildung und die Zuordnung der Typen zu diesen Phasen. Dann überträgt man sein Material ohne weitere Statistik in diese Phasen. Das ist der übliche Weg, und er ist oft auch angemessen.

(2) Man übernimmt die Datentabelle aus dem Referenzwerk, fügt seine eigenen Daten hinzu und rechnet die CA neu. Mit diesem Ansatz sollten die eigenen Typen und Inventare perfekt in die Ordnung des Referenzwerkes eingefügt werden können. Aber durch die neuen Daten wird die Ordnung des Referenzwerkes leicht oder stärker verändert werden, was im wesentlichen von der Menge der neu hinzugefügten Daten abhängig sein wird. Dies kann z. B. Auswirkungen auf die Phasenbildung und -zuordnung haben, die dann zwischen beiden Analysen nicht mehr ganz passt. Wer das unbedingt vermeiden will, wähle Option (3).

(3) Man wendet die (Eigen-)Werte (*scores*) aus dem Referenzwerk auf das eigene Material an. Die Position jedes Typs und jedes Grabes im Achsenraum des Referenzwerkes lässt sich anhand der (Eigen-)Werte exakt berechnen, ohne dabei die Ordnung des Referenzwerkes zu tangieren. Die neuen Typen und Inventare sind dann in der Sprache der Korrespondenzanalyse *supplementary points* (GREENACRE 2007, 89-96). Wie das geht? Für die Positionsbestimmung eines Inventars/Grabes nehme man den Eigenwert jedes Typs in dem Referenzwerk, multipliziere diesen Wert mit der Typhäufigkeit in dem aktuell zuzuordnendem Inventar, addiere diese Werte und dividiere die resultierende Summe durch die Summe der typisierten Objekte in diesem Inventar. Das Ergebnis entspricht dem Eigenwert des Grabes entlang Achse 1 im Referenzwerk. Klingt aufwendig, ist aber mit Hilfe einer Tabellenkalkulation recht schnell umzusetzen. Wem diese Skizze zu allgemein war, lese die Details bei Greenacre (2007, 89-96) nach.

Wie die Option (2) zeigt, ist es wertvoll, wenn die originale Datentabelle in einer bequem elektronisch lesbaren Form zur Verfügung steht. Option (3) zeigt, dass die Eigenwerte der Typen und Befunde/Gräber (*scores*; früher auch "Schwerpunkte" genannt) stets publiziert werden soll-ten, damit Andere sie wie beschrieben weiterverwenden können.

14 Schlussbemerkung

Auf den ersten Blick scheinen die Theorie und die Durchführung einer CA kompliziert zu sein. Ich hoffe, dass dieser Eindruck nach dem Durcharbeiten dieses Leitfadens nicht mehr fortbesteht und Sie sich in der Lage fühlen, z. B. mit Hilfe von PAST eine CA auch selbständig durch-zuführen. Der Kern einer solchen Arbeit sollte stets die Archäologie sein, hier liegt der entscheidende Schlüssel für eine gute Studie. Für den An-fang ist es nützlich, sich ein publiziertes, dem eigenen archäologischen Problem ähnliches Beispiel einer CA-gestützten Analyse zu suchen und als Vorbild zu benutzen, das man nacharbeitet, ähnlich wie man ein Koch-buch heranzieht. Eine bessere Hilfe ist ein erfahrener Kollege, den man von Zeit zu Zeit um eine Diskussion der Zwischenergebnisse bitten kann. Entscheidend ist aber, jetzt einfach den Mut zu finden und mit einem eigenen Projekt loszulegen. Denn noch so optimale Übungsdaten sind nie so motivierend und weiterführend wie ein eigenes Problem, an dem man sich tiefer in das Thema CA einfuchst.

15 Anregung für eine weiterführende Lektüre

Eine kurze Einführung in das Thema Seriation (Anwesenheits-/Abwesenheits-Seriation und Häufigkeitsserialion) und CA in deutscher Sprache findet sich bei Ihm (1983). Das Besondere dieses Aufsatzes sind kleine Beispiele, an denen Ihm Schritt für Schritt aufzeigt, wie diese Statistiken wirklich gerechnet werden. Nach Durcharbeiten dieses Auf-satzes hat man verstanden, was bei einer CA im Hintergrund gerechnet wird. Eine deutlich mathematischere, englischsprachige Einführung in das Thema bietet Ihm & Groenewould (1984). Als gut geschriebene, kurze Einführung in die Geschichte der Methodenentwicklung empfehle ich Ihm (2005).

Eine gute Einführung in den aktuellen Stand der Methodologie findet sich in dem Buch von Müller & Zimmermann (1997). Das Werk bietet zudem verschiedene Anwendungsbeispiele der CA auf unterschiedliche archäologische Materialien und Fragestellungen.

Zwei Beiträge über frühmittelalterliche Perlen seien hier erwähnt, weil dieses Thema mit einer höheren Bedeutung des Aspekts der Häufigkeit von Typen einhergeht als es beispielsweise in Grabinventaren der Fall ist (SIEGMUND 1995; SASSE & THEUNE 1996). Daher sind Studien zu Perlen und Perlenketten besser mit denen zu Keramikensembles in Siedlungskomplexen vergleichbar.

Manchmal ist es anregend, einen Blick auf die US-amerikanische Diskussion zum Thema Seriation zu werfen, die sich nicht eng am europäischen Diskurs orientiert, sondern recht eigenständig verläuft. Die Debatte dort ist tief geprägt vom Werk von J. A. Ford (1962). Drei neuere Aufsätze seien hier aufgeführt, die einen schnellen Einstieg in die dortige Debatte ermöglichen: O'Brien et al. (2000), Smith et al. (2007) und Lipo et al. (2015).

16 Anregungen für weitere Trainingsfälle zum Ausbau der praktischen Erfahrungen

Möglicherweise möchten Sie Ihre praktischen Erfahrungen noch etwas weiter an guten Übungsbeispielen ausbauen, bevor Sie ein Projekt mit eigenem Material beginnen. Dazu einige Anregungen zum Training an echtem archäologischem Material:

(1) Analysieren Sie die klassische Studie von Oscar Montelius (1885) über die Chronologie der nordischen Bronzezeit, in der er die Grundlagen für das bis heute verwendete Chronologiesystem legte. Sein Buch umfasst sorgfältig geführte Tabellen der Grabfunde und Typen, die recht einfach in eine Computertabelle übertragbar sind (MONTELIUS 1885, 270-311); die Publikation steht heute auch als Scan via Internet kostenfrei zur Verfügung. Inzwischen gibt es auch eine Übersetzung in die englische Sprache (MONTELIUS 1996), der jedoch leider die wichtigen Listen fehlen. Doch mit beiden Ausgaben zusammengenommen ist alles Nötige auch ohne Kenntnis der schwedischen Sprache hinreichend verständlich.

(2) Schöne Beispiele für konventionell handsortierte "Kombinations-tabellen" mit chronologischer Fragestellung enthält die Studie von J. Gies-ler (1981, insbes. Tab. 30, 34, 40, 45 und 52). Es lohnt, diese nicht allzu großen Tabellen mit Hilfe einer CA nachzuvollziehen, die Ergebnisse mit der Sortierung von Giesler zu vergleichen und darüber nachzudenken, wie man diese Ordnungen mit den dort ebenfalls untersuchten Münzchronolo-gien und den Belegungschronologien verknüpfen kann.

(3) Eine dritte schöne Fallstudie behandelt die Entwicklung von Form und Verzierung von Römern, also frühneuzeitlichen Weingläsern, die in datierten niederländischen Stilleben des 17. Jahrhunderts dargestellt sind. Die Originalarbeit stammt von Brongers & Wijnman (1968). Deren Daten wurden von Goldmann (1972, 29-33) sowie von Eggert et al. (1980) als Testdatensatz für ihre methodische Debatte über die Seriation verwendet. Hier liegt die besondere Herausforderung weniger im Rechnen einer CA, sondern in der Frage, wie man die vorliegenden Informationen adäquat formalisiert und bestmöglich nutzt.

17 Ziel erreicht

Wir sind am Ende dieses Praxisleitfadens angelangt. Möglicherwiese haben Sie nun doch etwas länger als die eingangs genannten etwa acht Arbeitsstunden darauf verwendet. Aber Sie verfügen jetzt über alle not-wendigen Kenntnisse und Fertigkeiten, um Ihr eigenes Projekt zu starten. Sie sind kein Anfänger mehr, sondern eine Archäologin mit wachsenden Erfahrungen in der Anwendung der Korrespondenzanalyse. Das nächste eigene Projekt macht Sie zur erfahrenen Expertin.

Anhang: Das semi-automatische Sortieren großer Tabellen

Anders als etwa das diesbezüglich sehr komfortable WinBASP enthält PAST (noch?) keine Funktion zur automatischen Neusortierung einer Eingabetabelle nach den Ergebnissen einer CA. Obwohl PAST über alle Instrumente verfügt, dies immerhin semi-automatisch zu tun, ist mir die Umsetzung trotz mehrfacher Bemühungen nicht gelungen. Sollte ich etwas übersehen haben, würde ich mich über eine Rückmeldung sehr freuen. Daher skizziere ich nachfolgend einen Weg, solche Sortierungen außerhalb von PAST mit Hilfe der gängigen Tabellenkalkulationsprogramme durchzuführen. Anders als bisher beschreibe ich den Weg jedoch nicht detailliert Klick für Klick und Schalter für Schalter, sondern skizziere den Lösungsweg nur grundsätzlich. Nach einem ersten Durchlauf dürfte das Prozedere recht schnell zur Routine werden und die erwünschte Neuordnung jeweils innerhalb weniger Minuten erreicht sein. Aus lizenzrechtlichen Gründen entwickle ich den Lösungsweg hier anhand des Open-Source-Programmes LibreOffice Calc, versichere aber, dass mir Gleiches auf ähnlichem Weg z. B. auch mit MS-Excel gelungen ist.

Ziel ist es also, die Ursprungstabelle und die Ergebnisse (d. h. die *scores*) der CA zusammen zu bringen und die Tabelle dann einmal nach den Zeilen und einmal nach den Spalten zu sortieren. Dazu sind folgende Schritte nötig:

(1) Export der Ursprungstabelle aus PAST in die Tabellenkalkulation. Am sichersten geht dies über das Format xls. Also `File`, `>> Save as...` und unten den Dateityp `*.xls` auswählen.

(2) Import der Ursprungstabelle nach Calc: `Datei`, `>> Datei öffnen`, ... Die von PAST übernommene zusätzliche Kopfzeile vor der Zeile mit den Typ-Namen und die führenden Spalten vor jener mit den Grab-Namen löschen.

(3) Aus PAST, und zwar aus dem Fenster `Correspondence analysis`, die `Row scores` kopieren. Leider kann man dort keine einzelne Spalte kopieren, sondern nur die ganze Tabelle, und zwar mit Hilfe der Schaltfläche ganz unten im Fenster, `Copy`.

(4) Den Inhalt des Zwischenspeichers nun in Calc einfügen, am besten rechts oben neben der schon bestehenden Tabelle. Mir war der Weg über `unformatiert einfügen` sympathisch und erfolgreich. Prüfen Sie, ob bei der Ausgangstabelle und den nun eingefügten Scores die Zeilen zueinander passen. Eventuell sitzt die neu eingefügte Teil-Tabelle mit den Scores z. B. eine Zeile zu hoch oder zu tief. Bereinigen Sie dies ggf. mit einem erneuten Copy & Paste. Löschen Sie alle Scores und Spalten, die nicht gebraucht werden; benötigt wird nur die Spalte `axis 1`.

(5) Prüfen Sie vorsichtshalber, ob die eingefügten Zahlen auch Zahlen im technischen Sinne sind: Spalte oder Ausschnitt markieren, Zellen formatieren und ggf. z. B. statt Text auf Zahl einstellen.

(6) Tabelle nach der Spalte `axis 1` sortieren. (>> `Daten`, >> `Sortieren`, dort bei `Sortierschlüssel` die richtige Spalte einstellen", OK). Erster Schritt erfolgreich erledigt.

(7) Da in PAST die Scores der Typen ebenfalls in Zeilen vorliegen, sind sie jetzt nicht per einfachem Copy & Paste in die neue Calc-Tabelle übertragbar. Daher muss eine der beiden Tabellen zunächst einmal um 90 Grad gedreht werden, d. h. aus Spalten sollen Zeilen und aus Zeilen Spalten werden. Wie?

(8) In PAST bei `Correspondence analysis` den Reiter `Column scores` aktivieren und den Inhalt mit `Copy` (unten im Fenster) in die Zwischenablage schreiben.

(9) Unter Calc eine neue (Hilfs-) Tabelle anlegen und den Inhalt des Zwischenspeichers einfügen. Überflüssiges löschen, so dass nur noch zwei Spalten übrig bleiben: die Liste der Typen und die Scores der Achse 1.

(10) Diese Hilfstabelle nun "transponieren" (*transpose*) – so lautet der Fachbegriff, wenn Sie z. B. in anderen Programmen via Hilfefunktion weiter kommen möchten. In Calc geht dies recht einfach: Die verbliebene Tabelle markieren und ausschneiden; für das Wiedereinfügen die rechte Maustaste klicken, `Inhalte einfügen`, dort Häkchen setzen bei: `Alles einfügen` und unten bei `Transponieren`, die OK-Schaltfläche bestätigen. Fertig. Wenn die resultierende, bereits transponierte Tabelle jetzt zu viele Spalten / Zeilen beinhaltet: Überflüssiges löschen. Erhalten bleiben sollten

nur zwei Zeilen: die Zeile mit den Typ-Namen und die Zeile mit den Scores. Wenn Sie skeptisch oder vorsichtig sind: Man kann jederzeit mit Blick auf die Scores unter PAST prüfen, ob alles richtig verlaufen ist.

(11) Die beiden Zeilen der Hilfstabelle markieren, kopieren und bei der Datentabelle unter deren unterste Zeile einfügen. Achtung: Dieses Mal das Häkchen bei Transponieren wieder entfernen! Prüfen, ob die Typenliste der ursprünglichen Tabelle und der eingefügten beiden Zeilen sich decken, d. h. ob die richtigen Spalten einander zugeordnet wurden.

(12) Datentabelle nach den Spalten sortieren. Bei Calc geht das wie folgt: Bereich markieren, >> Daten, >> Sortieren, dort zum Reiter Einstellungen gehen und unten die Richtung angeben, d. h. die Voreinstellung Von oben nach unten (Zeilen sortieren) umstellen auf Von links nach rechts (Spalten sortieren). Dann zurück zum Reiter Sortierkriterien und dort die richtige Zeile mit den Scores auswählen sowie (wie gewünscht) die Reihenfolge absteigend oder aufsteigend auswählen. Mit OK bestätigen.

(13) Fertig.

(14) Sie können Ihre Tabelle nun noch etwas leserfreundlicher aufbereiten. So ist es z. B. bei großen Tabellen nützlich, wenn man die Spalten- und Zeilennamen an beiden Rändern lesen kann, d. h. die Gräbernamen am rechten und am linken Rand stehen, die Typnamen in der Kopf- und in der Fußzeile. Mit Copy & Paste ist das schnell erledigt. Da die Scores Informationen zu den Abständen der Gräber und Typen enthalten, lösche ich diese Zeile und Spalte nicht, sondern erhalte mir und den Lesern diese nützliche Information. Mit persönlich fällt das Lesen der Zellenhäufigkeiten leichter, wenn die Ziffern in den Zellen zentriert sind (Bereich markieren, Zellen formatieren, Ausrichtung: zentriert). Bei wirklich großen Tabellen kann es helfen, wenn z. B. alle 10 Zeilen eine Zeile eingefügt wird, die später im Druckbild eine waagerechte bzw. senkrechte gestrichelte Linie ergibt.

Für kleine Tabellen mit wenigen Zeilen und Spalten bedeutet dieser semi-automatische Sortierungsprozess einen allzu hohen Aufwand, hier geht das in PAST mögliche händische Sortieren erheblich schneller. Für große Tabellen ist der skizzierte Weg nützlich, weil er nach kurzer Einübung recht schnell von statten geht und letztlich erheblich weniger fehleranfällig ist als das händische Sortieren.

Entsprechend dem Regelfall wurde hier nach Achse 1 sortiert. Wer im Lauf einer Analyse eine mögliche inhaltliche Dimension in den Achsen 2 oder 3 erkennt, kann auf diesem Weg die Ausgangstabelle selbstverständlich auch nach anderen Achsen als Achse 1 sortieren.

Abkürzungen

CA   *correspondence analysis*, Korrespondenzanalyse
CCA *canonical correspondence analysis*, Kanonische Korrespondenzanalyse
DCA *detrended correspondence analysis*
PCA *principle component analysis*, Hauptkomponentenanalyse

Literatur

Alberti, G. (2013). An R script to facilitate Correspondence Analysis. A guide to the use and the interpretation of results from an archaeological perspective. *Archeologia e Calcolatori 24,* p. 25-53. - Online: http://www.progettocaerc.rm.cnr.it/databasegestione/open_block_pages.asp?IDyear=2013-01-01 [24.6.2015].

Alberti, G. (2015). CAinterprTools: An R package to help interpreting Correspondence Analysis' results. *SoftwareX 5 (2015)*: http://dx.doi.org/10.1016/j.softx.2015.07.001 [24.6.2015].

Bayliss, A., Hines, J., Høilund Nielsen, K., McCormac, G. & Scull, Chr. (2013). *Anglo-Saxon graves and grave goods of the 6th and 7th centuries AD: a chronological framework.* Edited by J. Hines & A. Bayliss (The Society for Medieval Archaeology Monograph 33). London: The Society for Medieval Archaeology.

Benzécri, J.-P. (1976). *L' analyse des données II: L' analyse des correspondances.* París: Dunod.

Brongers, J. A. & Wijnman, H. F. (1968). Chronological classification of roemers with the help of 17th century paintings in the Low Countries. *Rotterdam Papers I*, p. 15-22.

Chernick, M. R. (1999). *Bootstrap Methods. A practitioner's guide.* Wiley Series in probability and statistics. New York: John Wiley & Sons.

Christensen, C. M. (1997). *The innovator's dilemma: when new technologies cause great firms to fail.* Boston, Mass.: Harvard Business School Press.

Clarke, D. L. (1970). *Beaker pottery of Great Britain and Ireland.* Cambridge: University Press.

De Leeuw, J. (2007). *Correspondence analysis of archaeological abundance matrices.* Online: https://escholarship.org/uc/item/3m18x7qp [24.6.2015].

Efron, B. & Tibshirani, R. J. (1993). *An Introduction to the Bootstrap.* Monographs on Statistics and Applied Probability 57. New York: Chapmann & Hall.

Eggert, M. K. H., Kurz, S. & Wotzka, H.-P. (1980). Historische Realität und archäologische Datierung: Zur Aussagekraft der Kombinationsstatistik. *Praehistorische Zeitschrift 55(1)*, p. 110-145.

Ford, J. A. (1962). *A quantitative method for deriving cultural chronology* (Technical Manual 1). Washington, D.C.: Pan American Union.

Gatermann, H. (1942). *Die Becherkulturen der Rheinprovinz.* Würzburg: Triltsch.

Gebühr, M. (1970). Beigabenvergesellschaftung in mecklenburgischen Gräberfeldern der älteren römischen Kaiserzeit. *Neue Ausgrabungen und Forschungen in Niedersachsen 6,* p. 93-116.

Giesler, J. (1981). Untersuchungen zur Chronologie der Bijelo Brdo-Kultur. Ein Beitrag zur Archäologie des 10. und 11. Jahrhunderts im Karpatenbecken. *Praehistorische Zeitschrift 56(1)*, p. 3-221. DOI:10.1515/prhz.1981.56.1.3

Goldmann, K. (1972). Zwei Methoden chronologischer Gruppierung. *Acta Praehistorica et Archaeologica 3,* p. 1-34.

Good, Ph. I. (2013). *Introduction to statistics through resampling methods and R.* 2nd ed. Hoboken NY: Wiley.

Greenacre, M. J. (1984). *Theory and application of correspondence analysis.* London: Academic Press.

Greenacre, M. J. (2007). *Correspondence analysis in practice.* 2nd ed. Boca Raton: Chapman & Hall.

Hammer, Ø., Harper, D. A. T. & Ryan, P. D. (2001). PAST: Paleonto-logical statistics software package for education and data analysis. *Palae-ontologia Electronica 4(1)*: 9pp.

Hair, J. F., Black, W. C., Babin, B. J. & Anderson, R. E. (2010). *Multivariate data analysis.* 7th ed. Upper Saddle River: Prentice Hall.

Hartung, J. & Elpelt, B. (2007). *Multivariate Statistik. Lehr- und Handbuch der angewandten Statistik.* 7. Aufl. München: de Gruyter Ol-denbourg.

Ihm, P. (1983). Korrespondenzanalyse und Seriation. *Archäologische Informationen 6,* p. 8-21.

Ihm, P. (2005). A Contribution to the History of Seriation in Ar-chaeology. In *Classification - the Ubiquitous Challenge. Proceedings of the 28th Annual Conference of the Gesellschaft für Klassifikation e.V. University of Dortmund, March 9-11, 2004* (Studies in Classification, Data Analysis, and Knowledge Organization 2005). (p. 307-316). Berlin: Sprin-ger. DOI 10.1007/3-540-28084-7_34

Ihm, P. & van Groenewoud, H. (1984). Correspondence Analysis and Gaussian Ordination. *COMPSTAT Lectures 3*, p. 5-60.

Kjeld Jensen, C. & Høilund Nielsen, K. (1997). Burial data and corre-spondence analysis. In Kjeld Jensen, C. & Høilund Nielsen, K. (eds.). *Burial & society: the chronological and social analysis of archaeological burial data* (p. 29-61). Aarhus: Aarhus University Press. - Verfügbar z. B. bei Academia.edu, unter 'Karen Høilund Nielsen'.

Koch, U. (1977). *Das Reihengräberfeld bei Schretzheim* (Germanische Denkmäler der Völkerwanderungszeit A 13). Berlin: Gebr. Mann.

Koch, U. (2004). Schretzheim §2 Archäologisches. *Reallexikon der Germanischen Altertumskunde Bd. 27* (p. 294-302). Berlin: de Gruyter.

Legendre, P. & Gallagher, E. D. (2001). Ecologically meaningful transformations for ordination of species data. *Oecologia 129,* p. 271-280. DOI: 10.1007/s004420100716

Lipo, C. P., Madsen, M. E. & Dunnell, R. C. (2015). A theoretically-sufficient and computationally-practical technique for deterministic frequency seriation. *PloS One 10(4)*: e0124942 (online 29.4.2015). DOI: 10.1371/journal.pone.0124942

Madsen, T. (2007). Mutivariate Data analysis with PCA, CA and MS (ungedruckt). Online:
http://archaeoinfo.dk/PDF%20files/2007%20Multivariate%20data%20analysis.pdf [24.6. 2015].

Montelius, O. (1885). *Om tidsbestämning inom bronsåldern.* Stockholm: På Akademiens Förlag. Online:
https://openlibrary.org/books/OL22888482M/Om_tidsbest%C3%A4mning_inom_brons%C3%A5ldern [24.6.2015].

Montelius, O. (1996). *Dating in the Bronze Age.* Stockholm: Kungl. Vitterhets Historie och Antikvitets akademien.

Montelius, O. (1903). *Die typologische Methode.* Stockholm: Selbstverlag des Verfassers.

Müller, J. & Zimmermann, A. (eds.) (1997). *Archäologie und Korrespondenzanalyse: Beispiele, Fragen, Perspektiven.* Internationale Archäologie 23. Espelkamp: Marie Leidorf.

Neuffer, E. M. (1965). Eine statistische Bearbeitung von Kollektivfunden. *Bonner Jahrbücher 165*, p. 28-56.

O'Brien, M. J., Lyman, R. L. & Darwent, J. (2000). Time, space and marker types: James A. Ford's 1936 chronology for the Lower Mississippi Valley. *Southeastern Archaeology 19(1),* p. 46-62.

Périn, P. (1980). *La datation des tombes mérovingiennes: historique, méthodes, applications.* Genève: Droz.

Petrie, W. M. F. (1899). Sequences in Prehistoric Remains. *The Journal of the Anthropological Institute of Great Britain and Ireland 29,*

3/4, p. 295-301.

Sasse, B. & Theune, Cl. (1996). Perlen als Leittypen der Merowinger-zeit. *Germania 74(1),* p. 187-231. Online:
http://www.academia.edu/3710920/1996_Sasse_Theune_Perlen_als_Lei
ttypen_der_Merowingerzeit_Germania_ [24.6.2015].

Siegmund, F. (1991). Über Werkzeugspektren des Magdalénien in Mitteleuropa. *Die Kunde NF 41/42*, p. 23-55. Online:
https://www.academia.edu/13387305/%C3%9Cber_Werkzeugspektren_
des_Magdal%C3%A9nien_in_Mitteleuropa [24.6.2015].

Siegmund, F. (1994). Jülich. Scherben und Schichten zu den Feuers-brünsten des 15. und 16. Jahrhunderts. *Jülicher Geschichtsblätter = Jahr-buch des Jülicher Geschichtsvereins 62*, p. 131-184. Online:
https://www.academia.edu/1285246/J%C3%BClich_Scherben_und_Schic
hten_zu_den_Feuersbr%C3%BCnsten_des_15._und_16._Jahrhunderts
[24.6.2015].

Siegmund, F. (1995). Merovingian Beads on the Lower Rhine. *Beads = Journal of the Society of Bead Researchers 7*, p. 37-53. Online:
https://www.academia.edu/1202844/Merovingian_beads_on_the_Lower
_Rhine [24.6. 2015].

Siegmund, F. (1998). *Merowingerzeit am Niederrhein* (Rheinische Ausgrabungen 34). Köln: Rheinland-Verlag.

Siegmund, F. (2013). Basel-Gasfabrik und Basel-Münsterhügel: Amphorentypologie und Chronologie der Spätlatènezeit in Basel. *Germania 89, 2011 (2013)*, p. 79-114.

Smith, K. Y. & Neiman, F. D. (2007). Frequency seriation, corres-pondence analysis, and woodland period ceramic assemblage variation in the deep south. *Southeastern Archaeology 26 (1)*, p. 47-72. Online:
http://www.jstor.org/stable/40713417 [24.6.2015].

Stehli, P. (1973). Keramik. In Farrugia, J.-P., Kuper, R., Lüning, J. & Stehli, P. (eds.). *Der bandkeramische Siedlungsplatz Langweiler 2, Ge-meinde Aldenhoven, Kreis Düren* (Rheinische Ausgrabungen 13) (p. 57-100). Bonn: Rheinland-Verlag.

Datensätze für die praktischen Übungen:

1a_ideal-matrix-unordered

1b_ideal-matrix-ordered

2_ideal-matrix-with-one-unsensible-type

3_ideal-matrix-with-unspecific-grave

4_ideal-matrix-with-mixed-grave

5_ideal-matrix-with-weak-connection

6_Langweiler-2_Stehli-1973-p91-fig49

7_Schretzheim-beads_Koch-1977-table-4

8_Burt-table-from-ideal-matrix

9_Koch-U-1977-table4_xls-format

Diese Datensätze können von der Website des Autors heruntergeladen werden (www.frank-siegmund.de >> Veröffentlichungen >> VIII. Open Data) oder von seinem Archiv bei ResearchGate. Die Daten (Files 1... bis 8...) sind fertig vorbereitet für den Import nach PAST. Liest man diese xls-Files mit PAST, öffnet sich unter PAST ein Menü Import settings, das bereits die richtigen Voreinstellungen hat, die zu diesen Datensätzen passen; daher einfach den OK-Schalter durch Anklicken bestätigen. Datensatz 9... ist als xls-File gespeichert und dazu gedacht, z.B. mit MS-Excel oder LibreOffice Calc geöffnet zu werden. Die Datensätze wurden unter einer CC BY (4.0)-Lizenz veröffentlicht.

Über den Autor

Frank Siegmund schloss 1989 seine Dissertation über die Merowingerzeit am Niederrhein ab, in der er Korrespondenzanalysen nutzte, um eine chronologische Ordnung der Grabinventare und der Perlenketten zu erarbeiten (SIEGMUND 1998). Seitdem hat er diese Methode und ihre Varianten mehrfach im Kontext weiterer Studien angewandt. Wiederholt war er eingeladen, das Thema Seriation und Korrespondenzanalyse zu unterrichten und Forschungsprojekte bei der Anwendung dieser Methoden zu beraten.

Kontakt

Priv.-Doz. Dr. Frank Siegmund
Heinrich-Heine-Universität Düsseldorf
Universitätsstr. 1, Geb. 23.31, 40225 Düsseldorf
http://www.frank-siegmund.de
http://uni-duesseldorf.academia.edu/FrankSiegmund

Danksagung

Der vorliegende Text ist die stark erweiterte Fassung des Vortrags und Manuskripts *Archaeological chronologies based on correspondence analysis: a practitioner's guide to success and reliability*, präsentiert am 31. März 2014 an der Universität Bologna. Ich danke den Organisatoren Isabella Baldini, Anna Lina Morelli und Joan Pinar Gil für ihre Einladung und allen Teilnehmern für ein sehr inspirierendes Kolloquium an einem wunderschönen Ort. Frühere Fassungen dieses Manuskripts reiften durch das Interesse, die forschende Neugierde und die kritischen Nachfragen von Studierenden in Basel, Bern, Göttingen und Münster. Mein besonderer Dank gilt Øyvind Hammer für seine freie Software PAST. Sandra Viehmeier und Christian Lau danke ich für Lektorat und Korrektorat.

Index

(vacat)